对话班主任

40招让老师对孩子更上心

民主与建设出版社
·北京·

图书在版编目（CIP）数据

对话班主任：40 招让老师对孩子更上心 / 陈禹舟著.

北京：民主与建设出版社，2025.5. -- ISBN 978-7

-5139-4928-6

Ⅰ．G636

中国国家版本馆 CIP 数据核字第 2025G6Y607 号

对话班主任：40 招让老师对孩子更上心

DUIHUA BANZHUREN : 40 ZHAO RANG LAOSHI DUI HAIZI GENG
SHANGXIN

著　　者	陈禹舟	
责任编辑	彭　现	
封面设计	言　成	
出版发行	民主与建设出版社有限责任公司	
电　　话	（010）59417749　59419778	
社　　址	北京市朝阳区宏泰东街远洋万和南区伍号公馆 4 层	
邮　　编	100102	
印　　刷	大厂回族自治县彩虹印刷有限公司	
版　　次	2025 年 5 月第 1 版	
印　　次	2025 年 7 月第 1 次印刷	
开　　本	670 毫米 × 950 毫米　　1/16	
印　　张	11	
字　　数	122 千字	
书　　号	ISBN 978-7-5139-4928-6	
定　　价	49.80 元	

注：如有印、装质量问题，请与出版社联系。

20 世纪 80 年代，大多数家长会因为工作繁忙或其他原因，经常把孩子托付给学校，简单地告诉班主任"孩子就拜托您了"，之后便不再过问。

然而，随着教育观念的不断变化，家长们开始积极参与孩子教育，甚至想时时刻刻关注孩子的学习情况。因此，班主任和家长就逐渐建立起了越来越紧密的联系。

正因如此，我时常能听到家长们发出这样的疑虑："我不知道怎么和班主任沟通才好。""我怕我说错话，会影响班主任对孩子的印象。"家长们开始担心自己的沟通方式会影响孩子在班主任心里的地位，从而选择了沉默或者回避；或者担心无法准确传达自己的意见和期望，而无法有效地与班主任交流，甚至可能无意中造成了误解或冲突。

可是，班主任不仅是孩子学习上的导师，更是他们成长道路上的引路人，所以家长完全不与班主任沟通，显然是不可取的。但是，频繁、事无巨细地追着班主任问，也是不合适的，毕竟班主任需要面对和管理的是一个班的学生，不可能将全部的时间和精力放在一个学生身上。

因为我之前班主任的身份，很多家长也都向我咨询过这些问题，提出一些具体的情况，希望我能给一些具

体的沟通方法。所以，我专门为各位家长编写了《对话班主任：40招让老师对孩子更上心》一书。

　　本书精心挑选了家长与班主任沟通中最常见、最典型的40个情景，包括新学期开学、想了解孩子的课堂表现、孩子成绩下滑、想给孩子调整座位等，为家长提供每个情景下的具体沟通策略和话术实例。此外，为了能帮助各位家长更好地理解并掌握沟通方法，本书通过对比错误沟通和正确沟通的示例，深入分析其中原因，并引导家长掌握正确的沟通技巧。同时，书中还提供了实用的建议，帮助家长在与班主任的沟通中更加得心应手。

　　家校沟通是孩子成长道路上不可或缺的一环，相信通过学习这些沟通技巧，家长不仅能够提升与班主任的沟通效果，让班主任对孩子更上心，更能够深入理解孩子的教育需求，支持孩子的成长。希望各位家长可以更加自信、有效地与班主任进行沟通，与班主任携手共进，共同陪孩子健康成长。

目 录

第一章

重要场合或特殊时期，让班主任对孩子更上心

C O N T E N T S

第二章
了解孩子的在校情况，让班主任更关注孩子

第三章
若孩子出现各种状况，让班主任成为你的盟友

第四章
若孩子有需求或遇特殊情况，让班主任更重视孩子

第一章

重要场合或特殊时期，让班主任对孩子更上心

新入学时，与班主任主动打招呼

当孩子开始上学时，你是不是不敢主动与班主任打招呼，总是担心自己的沟通方式不够恰当，或担心自己说得太简单显得不够重视，说得太多又耽误班主任时间……但是，刚上学时向班主任做自我介绍是非常重要的。

今天第一天上学，我要如何跟班主任打招呼才合适呢？

沟通剧场

✗ 错误沟通

老师，您看起来好年轻啊。我家孩子很聪明，就是有点儿懒，麻烦您多监督。最近天热，老师您费心让孩子多喝水啊……

原来是这样

1. 初次见面，家长就提出过多要求会让班主任感到烦躁和压力，不利于双方沟通交流。

2. 开学时，班主任通常需要处理大量的事务，若被占用过多时间可能会影响工作进度，留下负面印象。

✓ 正确沟通

老师，我是×××的妈妈。以后孩子麻烦您了。老师再见！

原来是这样

简单的自我介绍不会给班主任造成任何压力，也不会占用太多时间，使双方交流更加轻松自然，为以后的交流奠定基础。

和班主任沟通有技巧

留下良好的第一印象

　　心理学上有个"首因效应"，强调了人际交往中给人留下的第一印象至关重要。所以，家长要尽量给班主任留下好的第一印象。

　　第一次见面，不要急于去表达自己的想法或者提出自己的疑问，家长要知道，班主任会陪伴孩子很长时间，交流并不用急于一时。家长要压抑交流的欲望，只做简单的自我介绍就够了，比如："老师您好，我是×××的妈妈（爸爸），以后孩子就麻烦您了！"

　　如果家长想加深老师对自己的印象，可以提一个开放性的问题，比如"有没有什么需要家长配合的""有没有班级群"……问题的答案不重要，重点是多了一个简单、无负担的互动，加深了老师对家长和孩子的印象，让老师对孩子更上心。

　　当然，如果孩子患有疾病，或者食物过敏，家长还是需要跟老师交流的。这样的交流一定要言简意赅，直入主题。比如："老师，我是×××妈妈，她对花生严重过敏，如果午餐有花生，麻烦您盯一下，不要给她盛。"

● 得体的穿着打扮，能够显示家长的重视，也能给班主任留下好印象。

● 交流时，保持谦逊的态度，不要居高临下，也不要过于谦卑。

● 初次见面，避免过分夸赞孩子或贬低孩子。

● 不要过于热情，像用力握手、拥抱等这种行为可能会让老师感到尴尬。

升学换班主任时，评价的话不要说

孩子升学时，更换班主任是常见情况。你是不是会担心孩子不能适应新班主任，担心新班主任不能公平对待所有学生，担心新班主任的能力……这时，你就需要与新班主任进行沟通，了解他的教育理念和班级情况，帮助孩子更好地适应。

沟通剧场

✗ 错误沟通

老师，你这么年轻啊，而且一看就很温柔，以前的王老师，我们都不喜欢……我孩子很好的……

原来是这样

1. 这样随意评价其他老师不仅会让新班主任感到尴尬和反感，还会觉得家长不尊重老师，不利于友好关系的建立。

2. 在班主任还不熟悉孩子时，过早地夸赞孩子，不利于班主任对孩子的真实了解。一旦夸赞与事实有差距，反而会影响师生关系。

✓ 正确沟通

老师，您好，我是×××的妈妈。王老师之前是我家孩子的班主任，就一直说您很有经验，这次我家孩子就麻烦您多费心了！

原来是这样

从前班主任的角度夸赞新班主任，更加真实、客观，会让对方感觉到自己的工作得到了认可，以及家长对自己的信任，有助于以后一起为孩子的学习和成长努力。

和班主任沟通有技巧

不要轻易评价前班主任和孩子

　　当孩子换新班主任后，家长经常会将新班主任和前班主任进行对比，这是很正常的现象。不过，这样的对比家长放在心里就好，不要在孩子面前说，更不要跟新班主任交流这种感受。

　　在新班主任面前评价前班主任，这样的行为是非常不合适的。家长若说前班主任的不好，不仅会给新班主任留下不好的印象，而且如果他与前班主任关系很好，甚至会产生反感；家长若说前班主任特别好，可能会给新班主任增加压力，使他潜意识里认为你对他不满意。

　　在新班主任面前，不要过度夸赞或过度批评孩子，影响新班主任对孩子的客观评价。不妨说一个孩子具体又无伤大雅的小问题，比如坐姿不端正、喜欢看小虫子等。这会让新班主任对孩子有一个初步的了解，同时也会觉得家长不避讳孩子的缺点。

　　请记住，更换班主任是学校生活中常见的变化。一旦新班主任已经上任，接下来，就需要家长和孩子尽快去适应，而不是一味地担心或抱怨。

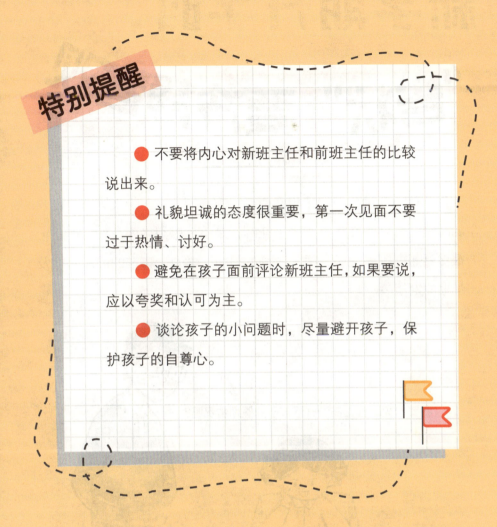

特别提醒

● 不要将内心对新班主任和前班主任的比较说出来。

● 礼貌坦诚的态度很重要，第一次见面不要过于热情、讨好。

● 避免在孩子面前评论新班主任，如果要说，应以夸奖和认可为主。

● 谈论孩子的小问题时，尽量避开孩子，保护孩子的自尊心。

新学期开学时，"告状" 要冷静客观

你与孩子度过了一个"相看两厌"的假期，终于盼来了新学期开学的时刻。这时的你在看到班主任时，是不是感到格外亲切？你一定有很多话想要跟他说说，关于孩子的习惯、学习、存在的问题，以及新学期的期望……

我要如实跟班主任说一下孩子的假期情况吗？

沟通剧场

老师，我们家孩子放假就知道玩，作业不好好做，怎么说也不听，气死我们了。老师，您好好收拾她……

原来是这样

1. 当着孩子的面告状会伤害孩子的自尊心，影响孩子与老师、家长的关系。

2. 情绪化表达不仅会影响班主任对孩子出现问题的准确判断，也会让老师无法给出具体且有针对性的建议。

老师，暑假里我们根据您给的建议，让孩子劳逸结合，定期练字、看书。但是她的写作能力还是不太好，我们不知道该怎么办了。您能否在方便的时候给我一些指导？

原来是这样

这样的沟通礼貌且诚恳，同时表明了孩子的具体问题，以及希望获得指导的意愿，班主任会对孩子更上心，主动提出更多对孩子有帮助的指导。

和班主任沟通有技巧

如实反映，不要夸大其词

开学这段时间，恰恰是家长不能懈怠的时候。从轻松自由的假期回到规律的学习生活，很多孩子会无法立即适应这种转变。这时，家长跟班主任的有效沟通，能帮助孩子尽快从假期状态走出来，进入正常的学习节奏。

开学季是班主任最忙的时候，所以此时跟班主任沟通，一定要言简意赅，说清楚孩子在假期取得的进步，让班主任感受到家长对孩子教育的尽心尽责。务必如实讲述，不要夸大其词，因为有经验的班主任只要看看孩子的表现，就知道家长是否说谎了。

对于孩子的不足之处，家长不应回避，如果需要班主任的帮助，应直接提出。但要记住，重点关注孩子的一个问题，并倾听班主任的意见，表达家长配合班主任教育孩子的决心。

如果孩子在开学阶段表现出严重的"开学综合征"，建议单独约班主任深入交流，共同商讨一个能有效帮助孩子的方法。班主任是很愿意提供力所能及的帮助的。

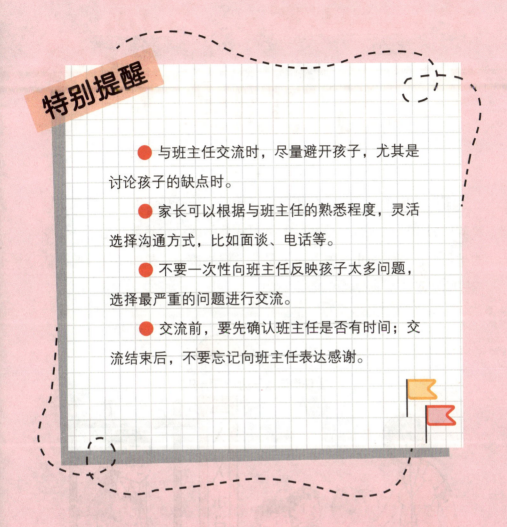

特别提醒

● 与班主任交流时，尽量避开孩子，尤其是讨论孩子的缺点时。

● 家长可以根据与班主任的熟悉程度，灵活选择沟通方式，比如面谈、电话等。

● 不要一次性向班主任反映孩子太多问题，选择最严重的问题进行交流。

● 交流前，要先确认班主任是否有时间；交流结束后，不要忘记向班主任表达感谢。

学期结束，交流学习情况的绝佳机会

学期结束了，你是不是想跟班主任了解一下孩子的学习情况，以及如何利用假期进行一些有益的学习或休闲活动，甚至讨论下一学期的学习目标和学习重点？你是不是非常担心遗漏了某些关键问题，从而影响孩子的学业成绩？

沟通剧场

✗ 错误沟通

老师，我家孩子这学期学得怎么样？我最近看了很多关于学习方法的书籍，我觉得可以这样教孩子……

原来是这样

"学得怎么样"是一个笼统、宽泛的问题，班主任会不知从何说起，难以回答。而且，像"我觉得可以这样教孩子"的说法会让老师觉得自己的教学能力受到了质疑。

✓ 正确沟通

老师，通过这次期末考试，您觉得我家孩子在哪方面的知识比较欠缺？假期里，我们又该如何帮助他呢？

原来是这样

这种询问方式直接、具体，班主任可以提供针对性意见，也看到了家长对孩子学习的重视，会更加关注孩子，也愿意与家长深入交流。

和班主任沟通有技巧

重视孩子学习是沟通的"催化剂"

　　随着学期结束，班主任也迎来了期盼已久的假期。之所以选择在这一时间跟班主任交流，一方面是因为他们暂时卸下了教学重任，相对轻松，心情愉悦；另一方面是因为刚结束的期末考试为分析孩子的学习情况提供了可靠的依据。

　　无论家长是想了解孩子在过去一学期的学习进步和不足，还是想探讨如何在即将到来的假期里维持孩子的学习状态，培养孩子良好的学习习惯，期末这个重要节点都是家长与班主任深入交流的绝佳机会。

　　家长的积极沟通不仅可以让自己了解孩子的情况，而且还会让班主任看到你对孩子学习的重视，班主任也就更愿意回答你的问题，提出针对性建议，并与你共同制订出更加适合孩子的学习计划和策略，为孩子全面发展奠定坚实的基础。

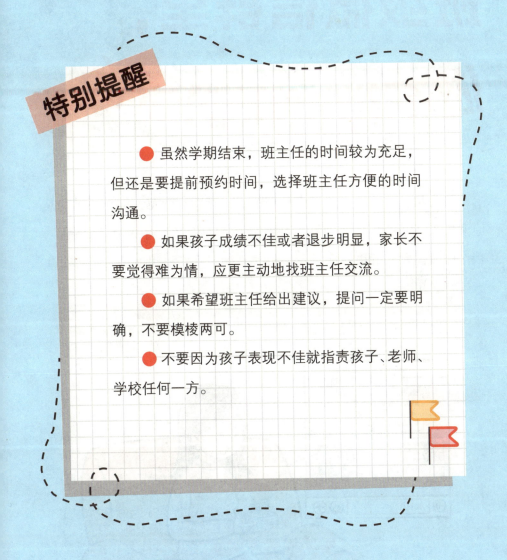

特别提醒

● 虽然学期结束，班主任的时间较为充足，但还是要提前预约时间，选择班主任方便的时间沟通。

● 如果孩子成绩不佳或者退步明显，家长不要觉得难为情，应更主动地找班主任交流。

● 如果希望班主任给出建议，提问一定要明确，不要模棱两可。

● 不要因为孩子表现不佳就指责孩子、老师、学校任何一方。

班级微信群里，做不被讨厌的家长

作为家长，你是不是对家长群的提示音特别敏感？你是不是对其他家长在群里发大段文字感谢老师感到反感，但又不得不"复制粘贴"，稍作修改再发到群里？你是不是每次看到老师在群里的消息，都会焦虑该怎么回答？

沟通剧场

✗ 错误沟通

明天春游，请家长督促孩子，上午八点准时到校门口集合。（不用回复）

我们带一个孩子出去玩都感觉累，老师要带这么多孩子，真是辛苦！老师，您辛苦了！

原来是这样

1.这样的回复虽然出于好意，但是违反了班主任明确的指示，会给对方留下不遵守规则的印象。

2.这可能会引发其他家长纷纷效仿，导致重要信息被淹没，使其他家长错过重要信息。

✓ 正确沟通

少年宫人工智能暑期特训班，有需要的家长请在群里逐一报名，标明孩子姓名。以下是特训班具体信息……

×××（孩子的姓名）确认报名本次少年宫人工智能暑期特训班。

原来是这样

这样的回复不仅简洁明了，没有多余信息，而且遵守了班主任的指示，有助于班主任更好地统计和记录信息，给班主任留下好印象。

和班主任沟通有技巧

千万不要在班级群里做这些

在班级群里，班主任最反感的几种家长的行为，看看你有没有：

1.班主任要求家长进群后将名字改为"孩子姓名＋爸爸（妈妈）"，但是执着不改。

2.无论老师发什么信息，总是会回复各种感谢的话。

3.总是询问自家孩子的各种情况，坚决不选择私聊。

4.和其他家长闲聊天，甚至发生争执。

5.发牢骚，表达对班主任不满。

6.班主任明确标注"无须回复"，却偏偏回复"收到"。

7.分享自己的教育观点，甚至转发各种公众号文章。

8.发布广告、"砍一刀"，甚至是"给我的孩子投票"等各种与学习无关的信息。

班级群是班主任发布通知、说明班级情况、与家长高效沟通的地方。在班级群里，建议多看少说，遵循班主任的指示和要求；对于不理解的信息或涉及孩子私事，可以跟班主任私信沟通。只有这样，家长才不会被班主任讨厌。

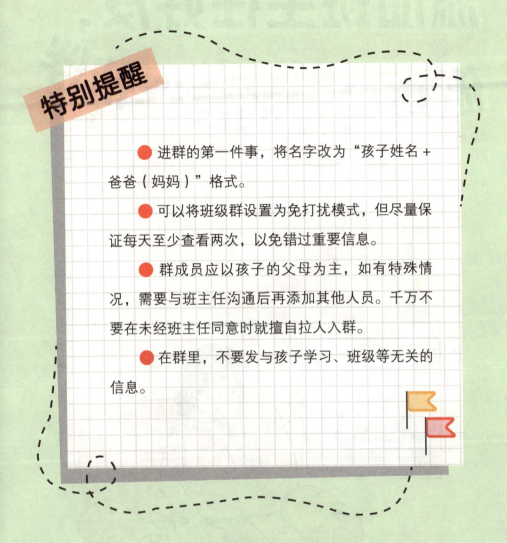

特别提醒

● 进群的第一件事，将名字改为"孩子姓名＋爸爸（妈妈）"格式。

● 可以将班级群设置为免打扰模式，但尽量保证每天至少查看两次，以免错过重要信息。

● 群成员应以孩子的父母为主，如有特殊情况，需要与班主任沟通后再添加其他人员。千万不要在未经班主任同意时就擅自拉人入群。

● 在群里，不要发与孩子学习、班级等无关的信息。

添加班主任好友，做有分寸的合作伙伴

刚与班主任互加好友，你是不是就开始绞尽脑汁，思考该如何跟班主任沟通了？你是该保持沉默，除非班主任联系你，否则你也不找他，还是热情一些，主动跟班主任说些什么？

四(1)班班主任

您好，我是四(1)班班主任

您已添加了陈老师，现在可以开始聊天了。

刚刚加上好友，我该说些什么呢?

✗ 错误沟通

老师，我是×××的妈妈。我孩子这次的考试成绩怎么下滑这么多？

原来是这样

这样的询问方式会给班主任一种被质疑和问责的感觉，产生不满、气愤的情绪，影响双方的进一步沟通。

✓ 正确沟通

您好，老师，我是×××的妈妈。我注意到他这次考试成绩有所下滑，我想了解一下可能的原因，以及我们该如何配合您的教学，帮助他提高学习成绩。

原来是这样

这种冷静、友好的合作态度会让班主任更加积极地与你进行沟通，并针对孩子出现的问题提出有效建议。

和班主任沟通有技巧

与班主任只是友好合作关系

添加班主任为好友，并与班主任进行沟通时，家长要注意几点：

1.注意边界感。家长和班主任有一个共同目标——孩子的教育。除此之外，双方之间的交集并不多，所以在沟通时一定要把握好分寸。避免不必要的闲聊，也不要给老师发广告，更不要过多探询与孩子无关的内容。

2.语言简洁明了。班主任管理的是一个班级的所有孩子，也许在你与对方沟通的时候，对方也在回复其他家长的消息，所以直截了当地表明目的，是对班主任工作的尊重和支持。

3.优先选择文字交流。如果文字表述不清或有重要的事情，可以通过电话、面谈与班主任沟通，避免造成沟通压力。

4.班主任发来的消息，在看到的第一时间就应给予回应，以示礼貌和重视。如果隔了较久时间才看到，要说明情况，表达歉意。

简而言之，家长可以将班主任当作工作上的合作伙伴，共同完成孩子教育这一项目，你们不一定很熟，但需要进行工作交流。

● 注意沟通的时间，不要过早或过晚给班主任发信息，除非是特别重要、紧急的事。

● 如果真的有很急的事情，可以直接打电话或到学校找班主任面谈。

● 在与班主任的沟通中，避免提及与孩子在校学习无关的话题。

● 不要出现任何关于其他老师、孩子或家长的负面评论。

转校到新班级，做孩子的沟通桥梁

当孩子不得不转学，你是不是会担心孩子不能适应新的环境？实际上，面对新转学来的学生，班主任也很希望尽快了解他，帮助他更好地适应新的集体。如果你能和班主任进行一次有效的沟通，这对于孩子更好地融入新集体是非常有帮助的。

马上要去新的班级了，我要怎么跟班主任沟通，才能帮助孩子呢？

沟通剧场

老师，孩子交给您了。

原来是这样 这属于无效的沟通。没有告知班主任孩子转校的一些具体情况，导致班主任无法快速了解孩子，也无法提供针对性的支持和指导，影响孩子适应新环境。同时，家长也失去了初步了解班主任的机会。

老师，我是×××的爸爸。这是我家孩子最近考试的成绩单，他的作文成绩不太好，您多费心。如果时间允许的话，您可以简单介绍一些学校的规定和班级的基本情况吗？

原来是这样 这样的做法和表达可以让班主任看出家长对孩子的重视。不仅有利于老师更好地了解孩子的学习情况，让老师对孩子更上心，还可以帮助孩子了解学校、班主任，以及新班级的基本情况。

和班主任沟通有技巧

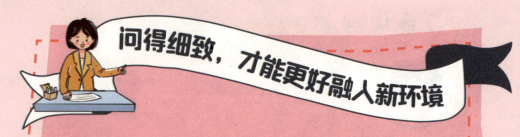

问得细致，才能更好融入新环境

  转学，对孩子和家长而言是一件非常重要的事情，所以家长要做好班主任和孩子之间的桥梁。

  一方面，家长需要将孩子的情况如实告知班主任，包括学业成绩、平时的纪律表现等。另一方面，孩子初入新的学校和班级，需要适应一段时间，家长就需要通过跟班主任的沟通帮助孩子充分了解学校、班级、同学等情况。比如，新班级的环境怎么样？老师是否严厉？同学们好相处吗？

  转学后的第一次沟通，家长不妨带着孩子，他可以通过你和班主任的沟通，打消部分对新环境的陌生感和畏惧感。

  当然，与新班主任沟通时，要问得细致，要了解清楚关于学校和班主任对学生的规定和要求。因为每个学校的制度和要求是不同的，所以家长知道并且帮助孩子遵守这些制度，能让孩子更好地适应环境，也能让班主任对孩子有一个好的印象。除此之外，平和谦虚的态度、得体的语言与穿着、表达对教育的重视，也是家长跟班主任第一次沟通的关键。

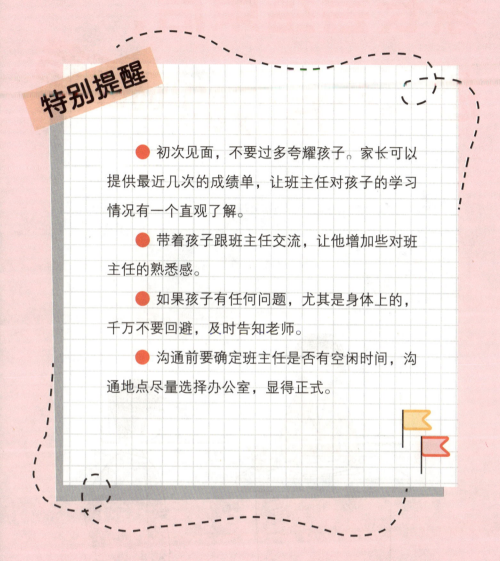

● 初次见面，不要过多夸耀孩子。家长可以提供最近几次的成绩单，让班主任对孩子的学习情况有一个直观了解。

● 带着孩子跟班主任交流，让他增加些对班主任的熟悉感。

● 如果孩子有任何问题，尤其是身体上的，千万不要回避，及时告知老师。

● 沟通前要确定班主任是否有空闲时间，沟通地点尽量选择办公室，显得正式。

家长会结束后，做一个友好的倾听者

家长会，是很多家长与班主任沟通孩子在校情况的重要机会。家长会结束后，你是不是很想找班主任沟通自家孩子的一些具体情况，或是咨询一些学习方法，但是又不知道在这样一个半公开场合，如何交流才是有效的？

今天是跟班主任交流的好机会，但是我要怎么说呢？

沟通剧场

老师，您带这个班也真是辛苦了……我家这孩子让您费心了……能有您这样的老师，真是孩子的幸运……

原来是这样

没有提出具体想要沟通的问题或内容，而且恭维的话过多会让班主任不清楚家长的真正意图，甚至可能会认为你要提过分的要求，从而时刻提防，不利于双方关系的建立。

✓ 正确沟通

老师，我是×××的爸爸，孩子马上升中学了，我们想让孩子加强一下对文言文的学习，您有什么建议吗？

原来是这样

明确的介绍和具体的问题能够让班主任非常清楚地知晓家长的意图。这有助于班主任针对问题提出切实可行的学习建议，从而确保双方进行高效沟通。

和班主任沟通有技巧

倾听是家长会后的交流准则

　　家长会上，家长可以充分了解班主任的教学风格和教育理念，也会知道班主任希望家长如何协助孩子的教育工作。但是关于每个孩子的具体情况，班主任通常不会在会上详细说明。所以，家长会结束后，想和班主任进行单独交流的家长往往会很多。这时的交流是半公开性质的，如果家长未能及时与班主任交流，可以站在一旁倾听班主任与其他家长的交流。这样不仅可以避免提出重复的问题，还能从其他家长与班主任的交流中，吸取经验教训。

　　在准备向班主任提问时，务必事先思考清楚。在这样的场合，越明确的问题，越能快速得到答案。在听班主任回答的时候，请仔细听是不是有言外之意。因为有其他家长在，班主任可能不便直接表达某些观点。如果察觉到这一点，家长可以礼貌地结束对话，并和班主任另约时间进行单独交流。

　　因为时间和场合的限制，家长会后的交流更适合进行一些初步的了解和简短的交流，不要过多期望会获取更多有用的信息。

● 不要跟班主任交流涉及孩子隐私的话题。

● 减少不必要的客套，快速进入主题，节约时间。

● 提出的问题不要过于笼统，要具体明确，这样班主任的回答也会更加精准。

● 如果想跟班主任进行深入交流，可以另约时间，以免长时间占用班主任的时间。

线下家访，有效交换孩子的信息

　　班主任通知要家访，你准备好了吗？你是不是既想把家里最好的一面呈现给班主任，又紧张得不知道该跟班主任说些什么？面对班主任家访，你要如何与之交流，才能达到更好的效果呢？

沟通剧场

✗ 错误沟通

老师，我跟您说，我们对孩子的教育可重视了，我们给他买各种学习资料，报了好多补习班。您不知道，我和孩子爸爸拼命工作就是为了让孩子更好地学习……

原来是这样

家长自顾自地高谈阔论，完全偏离了班主任前来家访的目的，既没有提出想要了解的具体问题，也没有传达关于孩子的具体情况，这不仅浪费时间，而且会让班主任心生反感，影响沟通效率。

✓ 正确沟通

老师，您好，欢迎您来家访。关于孩子的情况，您有什么想了解的，可以尽管问。我们也非常重视这次交流的机会。

原来是这样

在简单的客套和介绍后，将话语的主动权让给老师，可以更快展开班主任家访的话题，给双方更多的时间了解孩子的个人情况，有助于维护双方的沟通合作关系。

和班主任沟通有技巧

深入沟通，互换信息

　　班主任家访的原因无外乎有两种：一是班主任想了解一下孩子的家庭状况；二是孩子近期成绩有所下滑或者进步明显，班主任想和家长进行一些深入的沟通。

　　孩子的家庭状况，包括家庭经济状况、父母受教育水平、家庭环境、家庭和睦程度等，这些对孩子的学习成绩和性格养成至关重要。班主任只有更全面地掌握这些信息，才能制定出更具针对性的教育方案，以更有效的方式教育孩子。

　　在家访过程中，最重要的是坦诚。班主任询问时，家长要尽量如实回答，尤其是对刚接班的新班主任。对于孩子的特殊情况或不好的情况，家长尽量不要对班主任有所隐瞒，因为班主任只有掌握孩子的更多信息，才能更快地了解并帮助孩子。

　　在交流的过程中，家长不要过于强势，让班主任先了解他想知道的，然后若家长还有想了解的，可以询问班主任。

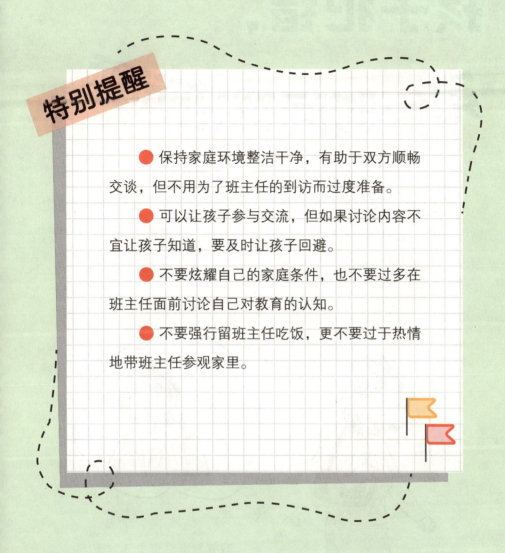

● 保持家庭环境整洁干净，有助于双方顺畅交谈，但不用为了班主任的到访而过度准备。

● 可以让孩子参与交流，但如果讨论内容不宜让孩子知道，要及时让孩子回避。

● 不要炫耀自己的家庭条件，也不要过多在班主任面前讨论自己对教育的认知。

● 不要强行留班主任吃饭，更不要过于热情地带班主任参观家里。

孩子犯错，第一时间解决问题

你有没有接到过老师约你到学校面谈的电话？当你接到这样的电话后，是不是为孩子可能犯错而感到恐慌？在这种情况下，究竟如何跟班主任沟通才是最合适的？

明明妈妈，请您尽快到学校来一趟。

我要怎么跟班主任沟通才能更好地了解事情经过呢？

沟通剧场

✖ 错误沟通

××× 的妈妈，孩子和同学发生了一些冲突，希望您尽快来学校一趟。

我家这孩子，我是管不了了。老师，您看着处理吧，我都没意见。

原来是这样

1. 看似支持班主任的工作，实际就是推卸责任，不仅会引起班主任的反感，还会影响师生关系。

2. 家长的这种态度可能会让孩子感到被忽视和无助，影响孩子的心理健康。

✔ 正确沟通

老师，我想详细了解一下发生了什么。您在处理这类问题上也有一些经验，您觉得我们能做些什么来解决这个问题？

原来是这样

这样的表达表明了家长了解事情原委和处理问题的意愿，同时相信老师的判断和建议，不仅能高效解决问题，而且有助于以后共同教育孩子。

和班主任沟通有技巧

处理问题永远是首要任务

孩子犯错后，如果班主任电话通知家长，这通常意味着孩子的错误比较严重，已经到了需要家长介入解决的程度，比如打伤同学、偷拿同学东西、破坏贵重物品、情绪失控、严重干扰课堂等。

面对这样的错误，班主任会要求家长到场，共同商讨并确认后续的处理方案，尤其是涉及经济赔偿和道歉等事宜时，家长的意见和决策至关重要。

所以，在确认孩子确实犯错的前提下，家长应保持冷静，及时道歉，并展现出积极配合的态度，这是解决问题的最佳方式。同时，家长可以给出一个解决方案，并根据班主任的意见进行调整。如果家长没有可行的方案，可以与班主任共同商议，制定出一个切实可行的解决方案。

家长需要记住，这时应以处理问题为第一原则。只有尽快且妥善地处理好孩子的错误，并给予及时、有效的教育，才能帮助孩子更好地成长，并促进身心健康发展。

特别提醒

● 无论是不是自家孩子的错误，切勿情绪化沟通。

● 千万不要抱着对抗的心理处理问题，更不要推诿责任。

● 如果涉及其他家长和孩子，尽量通过班主任和对方沟通；越过班主任，处理不当，容易激化矛盾。

● 如果涉及赔偿的谈判，尽量让孩子回避，但要让他明白事情的严重性。

孩子毕业了，向班主任表示感谢

孩子毕业了，你是不是很想感谢班主任对孩子学习和生活上的关心和指导？但是，你是不是又不确定要如何恰当地表达感谢之情，非常担心自己的方式不够正式或不够有诚意？

沟通剧场

老师，我家孩子最怕您了，这毕业了，以后您不做他们班主任了，我们可管不了他……

原来是这样

1. 这种表述方式不仅没有表达出对老师工作的认可和感谢，反而会让老师感到尴尬和压力。

2. 虽然是开玩笑的语气，但这会让老师觉得自己过于严厉，反而没有感谢的意思了。

✓ 正确沟通

老师，经过这几年的接触，我们深知您是真心为孩子着想的老师。您教会了孩子很多东西，我们对此表示衷心的感谢！

原来是这样

这样的表达很诚恳，"真心为孩子着想，教会了孩子很多东西"，这是对班主任的最高评价，能让班主任真心感受到家长的感谢。

真诚是感谢的"撒手锏"

孩子毕业时，如果家长认为班主任对孩子的帮助很大，那么真诚地向班主任表示感谢，是对其付出的尊重，更是对孩子情感的尊重。

家长向班主任表示感谢，一方面是真心感激班主任对孩子的帮助，另一方面也是给孩子做个示范，让孩子学会感恩生命中对自己有过帮助的人。因为孩子通常还意识不到离别的伤感，对于感谢，他们往往并不重视。

感谢班主任时，不要用玩笑的语气，不要过多铺垫，更不需要空洞而华丽的语言。家长应清楚地思考班主任对孩子或家长实际产生的积极影响，并直接针对这些方面表达感激。家长可以提出一些印象深刻的事情，比如帮助孩子改掉坏习惯、帮助孩子适应新环境、培养孩子守时的习惯……感谢的内容越具体，越能体现感谢的真诚。在表达感谢时，最好能让孩子也参与进来，表达他真实的情感。

当然，如果家长跟班主任的关系一般，或者并没有觉得有需要特别感谢的地方，那么就不要因为从众心理，勉强自己参与到感谢中来，这样双方都会感到不自在。

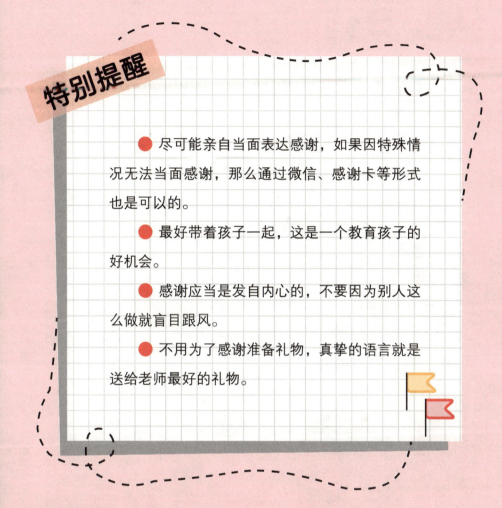

● 尽可能亲自当面表达感谢，如果因特殊情况无法当面感谢，那么通过微信、感谢卡等形式也是可以的。

● 最好带着孩子一起，这是一个教育孩子的好机会。

● 感谢应当是发自内心的，不要因为别人这么做就盲目跟风。

● 不用为了感谢准备礼物，真挚的语言就是送给老师最好的礼物。

第二章

了解孩子的在校情况，让班主任更关注孩子

孩子在课堂上的表现怎么样

你是不是想知道孩子上课时有没有认真听讲，有没有听懂老师的讲课内容，有没有积极参与课堂讨论，举手回答问题？这些都是家长关心的重点。如果想知道孩子在课堂上的具体表现，与班主任沟通就尤为重要！

他上课真的有认真听讲吗？我要如何向班主任了解孩子的课堂表现呢？

沟通剧场

✗ 错误沟通

老师，我家孩子上课表现怎么样？他在家总是心不在焉的，我担心他在学校也这样。

原来是这样

1. 没有提供具体的问题点，老师难以准确判断问题所在，也无法给出有针对性的建议。

2. 直接指出孩子在家心不在焉，可能会让老师对孩子产生先入为主的负面印象，影响老师对孩子的客观评价。

✓ 正确沟通

老师，我是×××的妈妈。我想了解一下孩子在课堂上的专注度和参与度情况。

原来是这样

这样明确表达自己的目的，不仅让班主任明白自己想要了解的具体内容，也表达了对孩子学习的关注，同时尊重班主任的观察和判断。

和班主任沟通有技巧

问题具体，回复才清晰

家长若想深入了解孩子在课堂上的表现，可以通过以下多个方面与班主任进行具体沟通：

1. 专注度：学生是否能专心听讲，不被周围环境干扰，并跟上老师的教学节奏。

2. 参与度：学生是否主动参与课堂互动，如回答问题、参与小组讨论等，表现对学习的积极态度和求知欲。

3. 纪律性：学生是否遵守课堂纪律，不迟到早退、不交头接耳、不做与课堂无关的事情。

4. 思维活跃度：学生在课堂上是否积极思考，提出有价值的问题和见解，展现创新思维。

家长向班主任了解孩子课堂表现时，首先需要选择合适的沟通时机；其次，态度要真诚，以示对班主任工作的尊重和感谢；再次，家长应提出具体化的问题，而不是泛泛而谈；最后，认真倾听班主任的反馈，共同探讨孩子的优点和不足，制订提升计划。

● 密切观察孩子在家的学习情况，并及时与老师进行沟通。

● 避免预设孩子在课堂上的表现不佳。

● 如果班主任提出建议，要认真考虑，并与孩子一起努力改进。

● 听到班主任的反馈时，避免反应过激或情绪化，保持冷静。

● 如果孩子的课堂表现不佳，家长应与班主任保持沟通，定期了解孩子的情况，并进行针对性教育引导。

孩子在学校过得是否快乐

　　你是不是想知道孩子在学校的一天是如何度过的？孩子有没有遇到让他们开怀大笑或者不开心的事情呢？你该如何开启与班主任的对话，才能真正了解孩子在学校是否快乐呢？

沟通剧场

✗ 错误沟通

老师，我家孩子一定在学校遇到什么事了，您快问问其他同学，然后告诉我！

原来是这样

1. 没有提供具体的情况或孩子表现出的异常行为，会让老师无法针对性地回忆和回答。

2. 这种质疑的态度可能会导致老师感到不被信任，不利于开展有效沟通。

✔ 正确沟通

老师，我今天接孩子放学的时候观察到孩子（孩子的具体表现）……我想了解一下今天学校有发生什么特别的事吗？

原来是这样

1. 说明孩子的表现，明确自己的目的，让班主任明白自己想要了解的具体内容。

2. 表达对孩子情绪的关注，积极参与教育，表明了与班主任合作的意愿。

和班主任沟通有技巧

全面了解孩子的快乐情绪

孩子的快乐往往体现在学习、社交、活动参与等多个方面。

学习方面，如果孩子对课程感兴趣、积极参与课堂互动、成绩稳定或有进步，通常会更有成就感，就会感到快乐。家长可以向班主任咨询孩子的课堂表现、作业完成情况等，以了解关于孩子学习状态的信息。

社交方面，孩子与同学相处是否融洽、有没有好朋友、是否积极参与集体活动等，这些都能反映出孩子在学校的社交情况。家长可以请求班主任分享孩子在班级中与同学的互动情况，以及在团队活动中的表现。

活动方面，孩子是否积极参加学校举行的各种活动，比如体育比赛、文艺表演、社团活动等，从这些活动中得到的经历和收获都会影响孩子的心情。家长可以请班主任介绍孩子在各类活动中的参与度和表现，帮助家长了解孩子在学校的丰富生活。

在与班主任沟通时，家长要认真倾听老师的描述，从多个角度了解孩子在学校的情况。如果家长想对某个特定的方面有更深入的了解，可以及时向班主任提出。

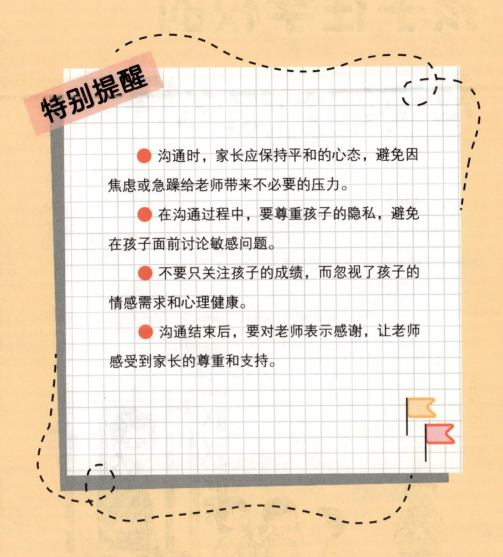

特别提醒

● 沟通时，家长应保持平和的心态，避免因焦虑或急躁给老师带来不必要的压力。

● 在沟通过程中，要尊重孩子的隐私，避免在孩子面前讨论敏感问题。

● 不要只关注孩子的成绩，而忽视了孩子的情感需求和心理健康。

● 沟通结束后，要对老师表示感谢，让老师感受到家长的尊重和支持。

孩子在学校的 社交能力怎么样

你是不是非常担心孩子在学校交不到朋友，或者不能很好地融入集体？每每想到这些，你的内心都充满了焦虑。但是，你又不知道该如何与班主任沟通，才能了解孩子的真实社交情况。

沟通剧场

✕ 错误沟通

老师，我家孩子在学校社交能力不行，同学们孤立他，不跟他玩，你们得管管。

原来是这样

1. 未了解情况就预设孩子社交能力不行，并判断孩子被孤立、受欺负，会让老师难以客观、准确地判断问题所在。

2. 在没有充分了解情况的前提下直接指责学校和老师没有管理好，这会让老师产生抵触心理，不利于后续沟通和问题的解决。

✓ 正确沟通

老师，我最近发现孩子放学总是一个人，有点担心他在学校的社交情况。他在家没提过有问题，但我还是不放心。您最近有注意到他和同学的互动吗？

原来是这样

1. 客观描述孩子的状态，表达自己的担忧，不预设结果。

2. 明确希望老师了解情况，而非指责，有助于双方有效沟通，解决问题。

和班主任沟通有技巧

不要轻易给孩子贴标签

孩子的社交能力发展是一个循序渐进的过程，不能仅用"好"或"差"来评论。孩子在学校可能会遇到各种社交情况，比如与同学发生小摩擦、不擅长主动交朋友等，这并不代表孩子在社交上有缺陷。实际上，不同年龄和不同成长环境下的孩子，在社交的认知上存在巨大差异。

班主任通常对班级中每个孩子的性格和社交情况有一定的了解。家长如果担心孩子的社交能力，可以礼貌地向班主任表达自己的关心，请求班主任多留意孩子在学校的社交表现，或者在必要情况下，给孩子一些适当的引导和机会，让孩子更好地融入集体。但是，千万不要在没有了解实际情况前，给孩子贴上"社交能力差"的标签，也不要先入为主地认为老师对孩子缺乏关注。

在与班主任沟通时，家长也可以向班主任提出请求，给孩子一些适当的引导和机会，让孩子更好地融入集体。如果孩子在社交方面有进步，家长和班主任要及时给予鼓励和肯定。

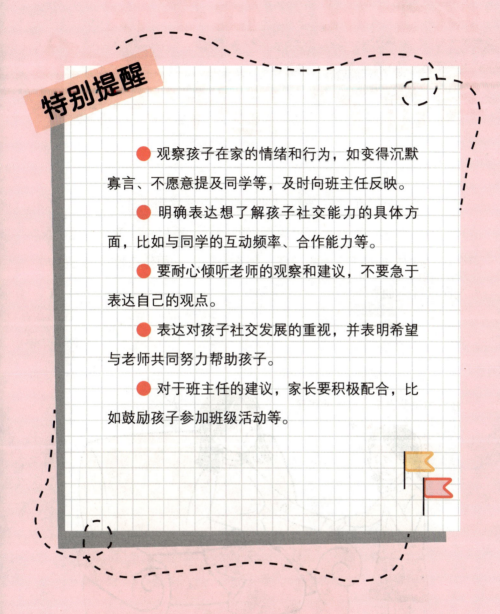

特别提醒

● 观察孩子在家的情绪和行为，如变得沉默寡言、不愿意提及同学等，及时向班主任反映。

● 明确表达想了解孩子社交能力的具体方面，比如与同学的互动频率、合作能力等。

● 要耐心倾听老师的观察和建议，不要急于表达自己的观点。

● 表达对孩子社交发展的重视，并表明希望与老师共同努力帮助孩子。

● 对于班主任的建议，家长要积极配合，比如鼓励孩子参加班级活动等。

孩子说 "在学校受罚了" 是什么情况

　　当孩子说自己在学校遭受惩罚时,你无疑会感到非常愤怒和担忧。这时,如果你怒气冲冲地找班主任兴师问罪,不但不能解决问题,反而会损害你与班主任之间的信任。那么,你应该用什么恰当的方式与班主任进行沟通呢?

我该怎么跟班主任了解一下情况呢?

我背书没背出来,老师就罚我。

沟通剧场

老师，您为什么体罚我孩子？小孩子不会撒谎的。

原来是这样

没有先向班主任了解事情的情况就直接提出指责，容易造成误解，损害家长与班主任之间的关系。

✓ 正确沟通

老师，我家孩子跟我说了些事情，我也知道，小孩子说话常常夸大，所以想来了解下情况。我们能不能去您办公室聊？

原来是这样

1. 在没有明确情况前，选择私下交流。

2. 家长并没有因为孩子的话而情绪化，而是第一时间向班主任了解情况，避免了不必要的冲突，有助于建立家长与老师之间的信任关系。

和班主任沟通有技巧

不要轻信孩子说的话

　　"小孩子是不会撒谎的"，这句话可以说是许多班主任的逆鳞。一旦听到这句话，班主任通常就已经失去交流的欲望。如果家长相信自己的孩子，而班主任说的却与孩子说的不一样，家长会相信谁呢？

　　年龄尚小的孩子，通常会因为理解上的偏差或词汇量不足，说出与事实不符的话。比如低年级孩子分不清"拍"和"打"的区别，分不清"打闹"和"打架"的区别。

　　当孩子说"老师打我了"之类的话时，家长不要着急愤怒地去追究责任。首先，家长可以向熟悉的家长和孩子了解下情况。在多方确认孩子所言属实，或者实在搞不清状况时，可以再去找老师沟通。当然，也存在孩子为了逃避责任而夸大事实的可能。

　　千万不要抱着"讨说法""为孩子做主"的心态与班主任沟通，要学会做倾听者，耐心等待老师叙述整个事情的经过后，家长再根据实际情况，决定接下来该怎么做。

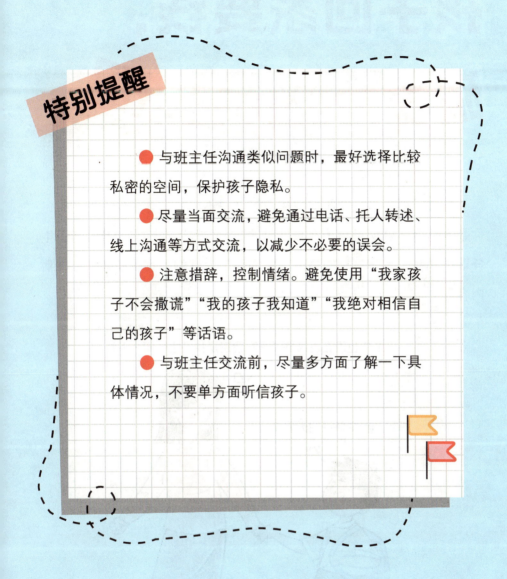

特别提醒

● 与班主任沟通类似问题时，最好选择比较私密的空间，保护孩子隐私。

● 尽量当面交流，避免通过电话、托人转述、线上沟通等方式交流，以减少不必要的误会。

● 注意措辞，控制情绪。避免使用"我家孩子不会撒谎""我的孩子我知道""我绝对相信自己的孩子"等话语。

● 与班主任交流前，尽量多方面了解一下具体情况，不要单方面听信孩子。

孩子回家要钱，
确实是学校要求吗

　　当孩子提到学校要收取费用，但又说不清楚具体是什么费用时，你是不是会怀疑这是孩子在找借口要钱？这时，你就需要及时与班主任取得联系，了解真实的情况，并询问是否有相关收费通知以及收费内容。

班主任也没在班级群说呀？我还是找班主任问一下吧。

妈妈，班主任说明天要交钱。

沟通剧场

✗ 错误沟通

老师，孩子说又要交钱，学校怎么老是收钱，这次又是什么钱？

原来是这样 💡

这样的询问透露着家长对学校收费的不满和质疑，会让班主任认为家长不愿配合沟通，解决问题，从而影响后面对孩子的共同教育。

✓ 正确沟通

老师，您好。我家孩子今天放学提到了要参加活动交钱的事情，但他没说清楚活动和收费的情况，所以我找您私聊，问一下具体情况。

原来是这样 💡

这种直接而简洁的表达，不仅能避免双方产生不必要的误解，而且有助于班主任能快速理解事情的起因，并给出针对性解答，使沟通更高效。

和班主任沟通有技巧

不要轻易发出质疑

　　孩子回家要钱参加学校活动时，家长不要立刻质疑班主任或活动的合理性。学校组织活动通常有其教育目的和意义，而收费也是需要经过层层审核的。在与班主任沟通前，可以先向孩子了解一些基本情况，如活动的内容、目的等。

　　当然，如果你对孩子的言语有所怀疑或没有理解，可以向其他家长打听一下。如果在多方了解后仍然存在疑问，可以再去找班主任沟通。

　　但是，在向其他家长和班主任询问的过程中，一定不要质疑或否定孩子的话，更不要当着孩子的面这样表达，否则不仅会影响孩子在班主任心中的形象，而且会让孩子的自尊心受损。

　　在班主任给出回答后，家长要及时表达感谢。回家后，也要及时告知孩子，以后有类似情况，一定要转述清楚，避免误会。

　　另外，提醒家长，现在学校如果有需要收费的情况，基本上都会发纸面通知或电子通知。

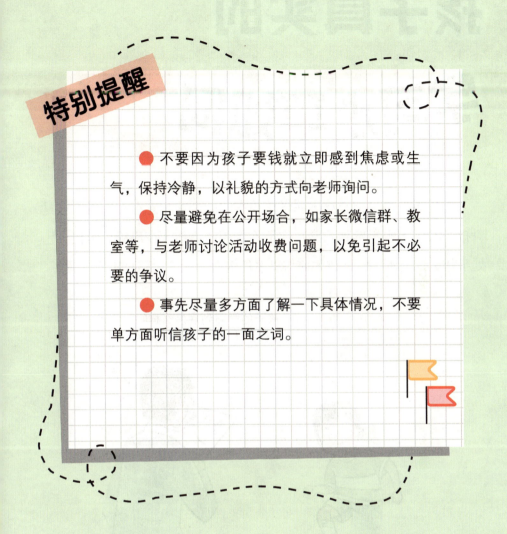

● 不要因为孩子要钱就立即感到焦虑或生气，保持冷静，以礼貌的方式向老师询问。

● 尽量避免在公开场合，如家长微信群、教室等，与老师讨论活动收费问题，以免引起不必要的争议。

● 事先尽量多方面了解一下具体情况，不要单方面听信孩子的一面之词。

孩子真实的
学习水平如何

　　你是不是总是担心孩子在学校与在家的学习状态存在差异，或是对孩子的学习水平感到困惑？你是不是想知道孩子在班级、学校分别处于什么样的水平？你该如何与班主任沟通才能了解到真实情况呢？

孩子的学习到底怎么样呢？我该怎么向班主任了解真实情况呢？

沟通剧场

老师，他这次考试成绩不理想，您能不能告诉我他在课堂上是不是表现很差？

原来是这样

1.考试成绩不理想等同于课堂表现差，这种偏见会让班主任心生反感，进而不愿与家长深入沟通。

2.家长过度关注考试成绩，而不是孩子的成长和进步，会让班主任不知该如何回答。

✓ 正确沟通

老师，我最近一直关注孩子的学习，但还是不清楚具体情况。您能否和我分享一下孩子参与课堂讨论的积极性如何？作业正确率如何？

原来是这样

这样客观描述自己的观察和疑惑，表达自己的担忧，不预设结果，更有利于班主任帮助家长分析孩子学习情况。

和班主任沟通有技巧

不要轻易评断孩子的学习水平

　　孩子的学习能力是一个不断变化和发展的过程，不能仅用"优秀"或"差"来衡量。孩子在学习过程中可能会遇到各种问题，比如知识点掌握不牢固、学习方法不当等。这些问题的存在并不意味着孩子的学习能力真的差，而只是他们在学习道路上的一些暂时性挑战。

　　通常情况下，班主任对班级中每个孩子的学习情况都有一定的了解和观察。如果家长想全面了解孩子的真实学习水平，可以主动与班主任沟通，表达自己的想法，并请求班主任多留意孩子在学习上的表现。通过这样的沟通，家长可以获得更准确的信息，从而更好地支持孩子的学习。但是，在没有充分了解孩子学习情况的具体细节之前，家长应避免对孩子的能力做出过于负面的评价，以免给孩子带来不必要的压力和负面影响。

　　另外，现在学校不允许排名，家长如果习惯使用这样的直观方法了解孩子学习，应考虑尝试其他方法，如了解下孩子与最高分的差距，或者孩子与平均分的比较。

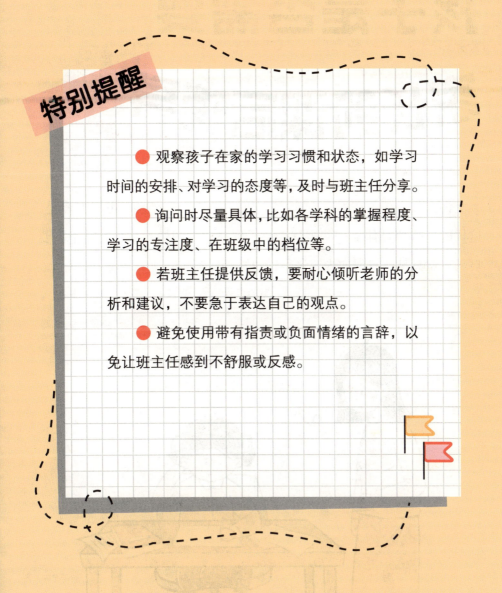

● 观察孩子在家的学习习惯和状态，如学习时间的安排、对学习的态度等，及时与班主任分享。

● 询问时尽量具体，比如各学科的掌握程度、学习的专注度、在班级中的档位等。

● 若班主任提供反馈，要耐心倾听老师的分析和建议，不要急于表达自己的观点。

● 避免使用带有指责或负面情绪的言辞，以免让班主任感到不舒服或反感。

孩子是否需要家长的课后辅导

你在关心孩子在学校的学习情况时，内心一定是充满期待的。但是，这样的期待总是伴随一些担忧：孩子现在的学习情况如何？需不需要自己在家对某些科目或内容进行针对性辅导？

我是不是需要给孩子辅导呢？要怎么征询一下班主任的意见呢？

沟通剧场

✗ 错误沟通

老师，我家孩子有点儿笨，数学总是学不好，我是不是要给她辅导一下?

原来是这样

1. 家长直接说孩子笨，会影响老师对孩子的客观评价。

2. 家长没有指出孩子数学不好的具体表现，老师难以给出有针对性的建议。

✓ 正确沟通

老师，孩子最近在数学的学习上遇到了一些困难，特别是在几何方面，我想了解一下她在学校的学习情况，看看我们家长在家该如何配合辅导。

原来是这样

1. 不预设立场，只简单表达孩子的困难，有助于班主任给出客观且有针对性的建议。

2. 家长明确表达自己希望了解孩子在学校的学习情况，以便更好地辅导孩子，有助于双方建立信任。

和班主任沟通有技巧

不要过度解读孩子的学习情况

学习的两个关键指标是持续和努力。如果孩子只是单纯地在某个科目上遇到了困难，就认为孩子的整个学习都有问题，无论对孩子还是对老师，都是非常不好的。这不仅会给孩子带来不必要的压力，还会干扰班主任对孩子学习情况的准确判断。

家长在发现孩子可能存在的学习问题时，可以先委婉地提醒班主任，说出自己的担心，请求班主任调查一下具体情况。当然，家长在提出疑问时，也应当注意方式方法，避免无端指责，以免引起班主任的反感，反而不利于问题的解决。

家长应指导孩子掌握学习技巧和提高自我调节的能力，并与班主任保持沟通，希望班主任能够关注孩子的学习进展。一旦出现特殊情况，双方应及时联系。

特别是在小学低年级阶段，学习问题并不普遍。所以在没有确凿证据之前，家长不应轻易做出判断，因为这可能会对班主任的工作以及孩子未来在班级中的形象和地位产生重大影响。

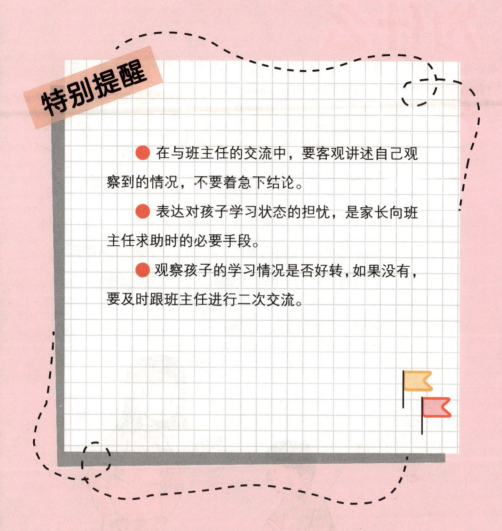

特别提醒

● 在与班主任的交流中，要客观讲述自己观察到的情况，不要着急下结论。

● 表达对孩子学习状态的担忧，是家长向班主任求助时的必要手段。

● 观察孩子的学习情况是否好转，如果没有，要及时跟班主任进行二次交流。

为什么
孩子总是丢东西

当孩子经常丢失东西时，你难免心生困惑：这是孩子自身管理能力不足，还是班级里真有爱拿别人东西的小朋友？你究竟该如何与班主任巧妙沟通，以探寻背后的原因并找到妥善的解决方案呢？

沟通剧场

老师，我家孩子的笔和橡皮又丢了，这已经是这周第三次了，您赶紧问问是谁拿了他的？

原来是这样

1. 这样直接质问容易让班主任心生怨气，还可能陷入尴尬境地，不利于问题的解决。

2. 没有详细说明孩子丢失物品的具体情况，老师难以有针对性地提供帮助。

老师，最近有其他同学捡到这样的笔和橡皮擦（附上清晰的图片）吗？最近孩子经常丢失文具，这周已经第三次了，您有什么方法能帮助他改掉这个毛病吗？

原来是这样

1. 详细描述孩子丢失物品的具体情况，包括物品的特征、丢失的频率等，以便老师能够更清晰地了解情况。

2. 真诚地询问老师是否有观察到相关情况，或是否有更好的建议，展现对老师的尊重和信任。

和班主任沟通有技巧

不要急于下结论

　　低龄的孩子常常丢三落四，这是很正常的现象，所以在真相未明之前，家长切不可急于下结论。不要盲目认为一定是其他同学的问题，也不要轻易断定是孩子的过错。家长可以先静下心来观察孩子的日常行为，耐心地与孩子沟通，探究是否有特殊事件发生。也许孩子只是不小心将文具遗忘在了某个角落，或是在与同学分享时不小心弄丢了，又或是班级里确实存在一些小问题，但在没有确凿证据之前，不能轻易怀疑他人。只有通过细致的观察和深入的沟通，家长才能更准确地判断问题的根源，从而找到合适的解决办法。

　　如果孩子长期无法妥善保管自己的物品，同时还存在其他一些问题，比如情绪管理差、作业杂乱无章、注意力难以持久等情况，家长要考虑孩子的身体和心理是不是出现了一些问题。在接下来的时间里，家长要多与班主任沟通，并持续观察孩子的行为表现。

● 在与班主任沟通前，要先整理好孩子丢失物品的详细情况，包括物品的种类、丢失的时间、丢失的频率等。

● 选择在班主任方便的时候私下沟通，避免在微信群等公开场合讨论，以免引起不必要的麻烦。

● 班主任若根据自己的观察和经验给出意见，家长要虚心听取，积极配合工作。

● 提前了解孩子是否有注意到某些特殊情况，比如看到谁拿了自己的文具，或者自己在使用文具时有哪些不好的习惯。

为什么孩子
突然不愿上学了

当孩子忽然表示不想去学校时，你是不是感到非常困惑和担忧？这背后隐藏着什么原因？是学校的压力太大，还是孩子在学校发生了什么？你该如何向班主任了解具体情况呢？

怎么突然不愿意上学了呢？我该如何跟班主任沟通一下情况呢？

爸爸，我不想去上学。

沟通剧场

老师，我家孩子最近都不想来学校，是不是学校里有人欺负他？

原来是这样

1. 这种情绪化表达带有指责的意思，非常影响家长与班主任沟通的效果。

2. 家长直接假设孩子在学校受到了欺负，过于武断，也没有孩子行为变化的具体信息，会让老师难以提供针对性的帮助。

✓ 正确沟通

老师，您好，我家孩子今天早上突然说不想去学校，看起来有些焦虑。您最近有注意到他在学校有什么异常表现吗？他在学校与其他同学相处得如何？

原来是这样

向班主任客观描述自己观察到的具体情况，以便老师提供针对性的信息。如果有具体的担忧，可以直接询问老师，比如孩子在学校的活动参与度、与其他同学的互动情况等。

和班主任沟通有技巧

不要带着预设结论沟通

　　孩子在学校可能会遇到各种情况，家长需要理解孩子不愿意上学可能是由多种因素引起的，可能是学业压力、同伴关系、师生关系，甚至是家庭环境的变化。在没有充分了解情况之前，家长应保持冷静，避免直接指责学校或老师。

　　在与班主任沟通之前，家长可以与其他家长交流，看看是否有一些共同的问题存在。如果有，家长们可以探讨这些问题背后的原因是什么。通过这种交流，家长们可以更好地了解孩子在学校可能遇到的问题，并且可以从中发现一些共同的模式或原因。

　　在和班主任沟通时，家长一定要避免先入为主，带着预设的结论去沟通，要保持冷静，尽量客观地听取班主任的意见和建议，并向班主任表述孩子在家里的情况。只有在充分沟通后，家长和班主任才能更准确地判断孩子不想上学的真正原因。

　　一旦找到原因，家长和班主任就可以共同制定出针对性的教育策略，帮助孩子走出不良情绪，重新找回对学习的兴趣和动力。

特别提醒

● 在与班主任沟通前，先平复自己的情绪，避免将焦虑传递给班主任，以平和的心态沟通。

● 客观、具体地描述孩子不愿上学的表现，如情绪状态、行为变化等。

● 询问班主任时，可以从多方面探讨，如学业压力、社交关系、课堂氛围等。

● 认真听取班主任的分析和建议，并积极配合班主任采取相应的措施。

● 沟通后持续观察孩子的情况，及时向老师报告孩子的变化。

第三章

若孩子出现各种状况，让班主任成为你的盟友

为什么孩子的成绩会出现明显下滑

当孩子的成绩出现明显下滑的时候，你是不是会心急如焚，然后拼命思考孩子到底遇到了什么问题？为什么平时一点儿也没有觉察孩子有什么问题呢？这时，你需要及时跟班主任沟通，因为他与孩子相处时间更长，并且在孩子的教育上有着丰富的经验。

孩子成绩突然下滑，我要怎么向班主任了解情况呢？

沟通剧场

✗ 错误沟通

老师，这不可能啊！我家孩子成绩一直很好的，我也一直辅导他作业，不应该突然下滑这么多啊……

原来是这样

1. 过分强调自己了解的情况，主观性太强，可能会妨碍双方的深入交流，不利于问题的解决。

2. 不愿接受孩子成绩下滑的事实，班主任会倍感压力，担心家长不愿接受反馈，从而不愿分享更多孩子的具体表现和可以给予的帮助。

✓ 正确沟通

老师，我们注意到孩子这次成绩有所下降，很是担忧。但我们可能不知道原因，也不知道该如何帮助孩子，就只好来麻烦您了……

原来是这样

家长谦逊的态度和求助意愿体现了对班主任的尊重和信任，这有助于促进双方的高效沟通与合作，共同寻找解决问题的方法。

和班主任沟通有技巧

避免情绪化指责或抱怨

孩子成绩下滑的原因有很多种,比如新学的知识点没有掌握、遇到了严重干扰学习的事情、身体或心理出现了一些问题……

但无论是哪种原因,家长都需要及时与班主任联系。家长了解孩子在家的情况,班主任了解孩子在校的学习情况。只有双方沟通合作,才能掌握关于孩子更多的情况,家长和班主任才能更好地对症下药,共同寻找解决问题的办法,帮助孩子走出困境,提高成绩。

当然,在跟班主任交流孩子成绩下滑问题时,家长要保持冷静和理性,避免情绪化的指责或抱怨,也不要因为面子,对班主任有过多隐瞒。家长一定要将孩子近期的状态以及家里发生的一些可能影响孩子的事情,都告诉班主任。对于班主任讲述的孩子在学校的表现,家长也需要认真分析,如果遇到疑问,要立刻问询。

学校和家里是孩子待的时间最长的两个地方,当孩子出现问题的时候,只有双方一起寻找原因,才能最大限度地发现问题,帮助孩子。

● 孩子成绩有波动是很正常的事情，及时发现，及时解决，家长不必过于焦虑。

● 在孩子面前要隐藏自己的焦虑，不要给孩子造成过大的心理压力。

● 认真倾听班主任说的关于孩子的情况、分析、建议，如果家长不赞同，不要立刻否定班主任，这会阻碍班主任继续交流的欲望。讲完后，家长可以根据自己的判断进行选择。

● 除了跟班主任的交流，家长还要抽时间，用恰当的方式与孩子进行交流。

孩子偏科严重，究竟是什么问题

孩子为什么会偏科？是不是有什么影响了孩子对这门学科的学习，只是家长尚未察觉？家长该如何帮助孩子提高劣势学科的成绩？与其毫无根据地猜测，不如主动与班主任交流，了解更多的情况吧！

我要怎么跟班主任沟通孩子偏科严重的问题呢？

沟通剧场

老师，为什么我家孩子就英语成绩不好啊？是不是英语老师的教学方法有问题啊？还是英语老师不喜欢我家孩子？

原来是这样

1. 无论英语学科是不是由班主任教学，这样直接质疑老师的教学质量都会让班主任心生反感，甚至感觉被冒犯，从而不愿与家长深入沟通。

2. 孩子一出现问题，家长就将责任推给老师，这种行为是班主任非常介怀的，这会损害双方的信任和合作关系。

✓ 正确沟通

老师，我家孩子的数学成绩和语文成绩一直都很好，唯独英语成绩一直没有提高，甚至还有下滑的趋势。您有什么建议能帮助他吗？

原来是这样

家长没有将责任归咎于老师或孩子，而是清晰且客观地指明了孩子的问题，避免了不必要的误解和冲突，有助于双方深入交流，分析原因并商讨解决办法。

和班主任沟通有技巧

偏科不代表学习能力不行

　　大多数情况下，孩子偏科并不代表他们学习能力有问题，这通常是因为他们缺乏对该学科的兴趣或没有掌握有效的学习方法。孩子也因为年纪小无法清晰表达自己的想法，因此家长需要与班主任合作，共同分析孩子偏科的真正原因。

　　如果孩子只在某学科上表现不佳，而这门学科恰好是班主任所教，那么与班主任沟通更能找到偏科的原因；如果并非班主任所教，除了与班主任沟通外，最好还能跟任课老师沟通一下。这样可以从不同的角度了解孩子在该学科上的具体问题。

　　在沟通过程中，家长要耐心倾听班主任的反馈，并主动说明孩子在家学习的状态，共同探讨孩子偏科可能的原因和应对办法。如果有不同的想法和建议，或是不同意班主任的观点，要耐心表达，千万不要情绪化，也不要指责老师和孩子。

　　如果班主任没有注意到孩子的偏科问题，那一次成功的沟通可以引起班主任对孩子的关注。在后续的教育教学中，班主任会成为家长的盟友，更加关注孩子的学习情况，也能更好地帮助家长找到原因，制定出更有针对性的教育方案。

● 家长应通过询问和观察孩子学习过程，对孩子偏科原因形成一个初步判断，不能将出现问题和解决问题的责任推给班主任。

● 对于班主任给出的孩子偏科原因，认可或者不认可都要及时给出反应，并注意表达的态度和语气。

● 如果交流带来了积极的效果，要及时感谢，并且寻求下一步帮助；如果效果不佳，也要与班主任商讨其他可行方案。

为什么
孩子总是说谎

　　孩子总是说谎，是不是让你感到非常无助？你是不是绞尽脑汁都在想究竟怎么做才能让孩子跟你说实话？你是不是担心孩子说谎成性？面对孩子说谎，家长与其胡思乱想，不如找你最坚定的"盟友"——班主任。

这已经不是第一次说谎了！

沟通剧场

✗ 错误沟通

老师，我家孩子这次考试没考好，又没跟我说实话！您怎么不跟我们联系啊？现在她说谎都成习惯了，您早点跟我说就好了！

原来是这样 💡 这种指责、推卸责任的沟通会让班主任认为自己不被信任和尊重，进而损害家长与班主任之间的关系，甚至影响班主任对孩子的关注和帮助。

✓ 正确沟通

老师，最近我发现孩子总是说谎，这让我有些担心，我也在反思自己是否在某些方面做得不够。您有什么好的建议吗？

原来是这样 💡 这种诚恳、非指责的沟通有助于双方更好地针对主要问题进行沟通，提高解决问题的可能性。家长的反思也让班主任感觉到了对孩子教育的重视，为以后的沟通奠定基础。

和班主任沟通有技巧

找到说谎原因才是关键

孩子总是说谎，家长想要纠正的关键不在于惩罚或教育，而是要找到说谎的原因。孩子说谎可能是畏惧惩罚，也可能是为了得到更多好处，还有可能是模仿家长的行为……针对不同原因的撒谎，需要采取不同的教育策略来纠正。

但是，家长在自己分析孩子说谎的原因时，可能因缺乏客观性而导致错误的判断。因此，与班主任进行沟通与合作显得尤为重要且不可或缺。

沟通中，班主任可以提供不同的观察角度和更专业的教育分析，以及更有针对性的解决方案。由于涉及孩子的心理和生理健康问题，班主任在与家长沟通时会格外谨慎。这时，家长首先要展现诚意，消除班主任的顾虑。

面对孩子说谎的问题，家长应坦诚承认自己在教育上的不足，并展现出积极寻求帮助的态度，这才是遇到棘手教育问题时，与老师沟通的正确方式。

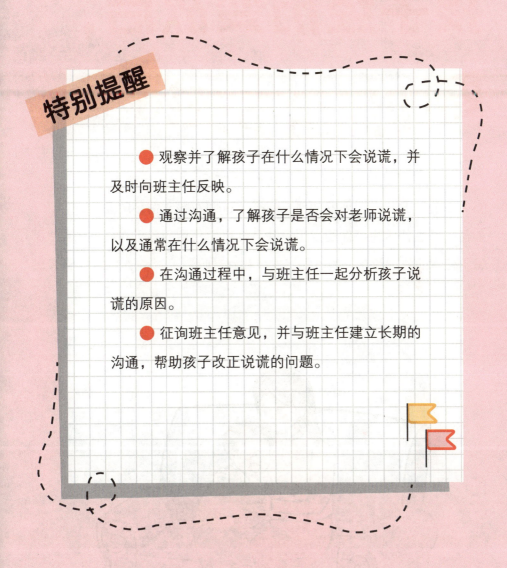

● 观察并了解孩子在什么情况下会说谎，并及时向班主任反映。

● 通过沟通，了解孩子是否会对老师说谎，以及通常在什么情况下会说谎。

● 在沟通过程中，与班主任一起分析孩子说谎的原因。

● 征询班主任意见，并与班主任建立长期的沟通，帮助孩子改正说谎的问题。

孩子经历变故后，要如何给予支持

　　在遇到变故时，你要如何安慰孩子？面对孩子情绪的变化，你该如何向班主任讲述事件的发生，并拜托班主任留心孩子在校的情绪？班主任真的能理解孩子的不安、焦虑和难过吗？

沟通剧场

✗ 错误沟通

老师，孩子最近遇到了一些事情，您别对他太严厉了……

原来是这样

1. 未明确指出具体事件，可能会导致班主任误解家长的意图，认为家长在为孩子的行为找借口，而不是真正寻求解决问题的方法。

2. 班主任无法了解孩子内心受伤的程度，难以判断应如何正确对待孩子。

✓ 正确沟通

老师，最近发生了一些事情（具体说明事情）。孩子受到了很大的打击（具体说明孩子表现）。麻烦您多关注他，给予他一些指导和支持。

原来是这样

这样能够让班主任及时了解孩子的情况，特别是当孩子遇到困难和问题时，班主任可以第一时间给予关注和帮助。这种及时的沟通有助于避免问题进一步恶化，同时也能够让孩子感受到来自学校和家庭的双重支持。

和班主任沟通有技巧

及时告知变故与孩子的情况

在家庭生活中，有时会遭遇一些突如其来的重大变故，比如受到伤害、亲人去世、父母离婚、亲人犯罪……这些事情无论对成年人还是孩子，都会带来巨大的心理冲击和情感波动。所以，在遇到重大变故时，无论孩子的外在表现如何，作为一个负责任的家长，都要及时向班主任说明情况。

在与班主任说明情况时，选择一个合适的时机和恰当的方式是非常重要的。家长需要在保护隐私的同时确保班主任有时间和精力了解家里的情况。当然，对于一些敏感、隐私的细节，可以不必详细描述，但要清晰表述大致的事件，以及孩子在遇到变故后言行和情绪的变化。

这样的信息对于班主任来说至关重要，因为他们需要了解孩子的具体情况，以便在日常教学和管理中观察孩子的情绪变化，并在必要时给予适当引导和帮助。如果你不希望班主任将这些信息告诉孩子或其他人，务必在沟通时明确地向班主任强调这一点，以确保信息的保密性。

除此之外，要定期与班主任保持沟通，了解孩子在学校的表现和情绪变化，及时调整应对策略。

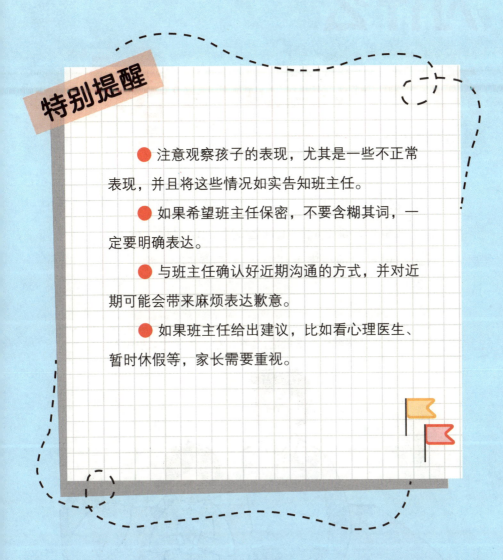

特别提醒

● 注意观察孩子的表现，尤其是一些不正常表现，并且将这些情况如实告知班主任。

● 如果希望班主任保密，不要含糊其词，一定要明确表达。

● 与班主任确认好近期沟通的方式，并对近期可能会带来麻烦表达歉意。

● 如果班主任给出建议，比如看心理医生、暂时休假等，家长需要重视。

为什么
孩子总是情绪低落

你在察觉孩子情绪低落时，担心是必然的。如果孩子情绪低落并非由家庭因素引起，那么向班主任咨询情况就显得十分必要。但是你要怎么做才能更有效地与班主任交流孩子的情况，并请求班主任留心孩子的情绪呢？

从学校回来情绪就一直很低落,是在学校发生了什么事吗?

沟通剧场

✗ 错误沟通

老师，我家孩子这段时间一从学校回来就不开心，她肯定在学校受欺负了，你要给个说法。

原来是这样

不问清楚事情的情况就直接将责任推给学校和同学，再加上质问的态度，会让班主任反感并认为家长无理取闹，更不愿与其深入交流分析孩子的具体情况，不利于问题的解决。

✓ 正确沟通

老师，孩子最近情绪很不好，一回家就闷在房间里，做什么都兴致不高。我尝试与她交谈，但她并不愿意分享。

原来是这样

家长客观描述了孩子的状态和表现，同时也表达了自己沟通无果的情况，更有利于老师结合在校情况分析孩子情绪低落的原因，并提供更有针对性的反馈和建议。

103

和班主任沟通有技巧

允许班主任的"不了解"

　　理论上，班主任应该是最了解班级中孩子情况的人，但事实上，班主任不仅要管理整个班级，完成上级分配的任务，还要日常备课、授课以及批改作业，这使得班主任无法时时刻刻关注每一个孩子的情绪状况。所以，对于班主任在某些情况下的"不了解"，家长应当给予理解。

　　如果你察觉到孩子出现了比较严重的情况，要及时跟班主任沟通。不要害怕跟班主任沟通，也不要担心坦白孩子的"问题"会让班主任感到不快。当你坦诚地向班主任说明你所观察到的孩子情况后，班主任会在日常的班级管理中更加留意孩子的情绪。如果孩子的情绪真的有问题，他会寻找造成孩子情绪问题的原因并采取措施。

　　沟通的目的就是交流彼此不知道的情况，所以在你希望得到班主任帮助时，千万不要话说一半，藏着掖着。你提供越多的信息，越有利于帮助班主任了解孩子情况，共同解决问题。

● 跟班主任沟通过程中，要说清孩子情况，明确自己的目的，态度尽量温和，措辞不要含糊。

● 如果班主任不了解情况，可以在交流后三到五天，进行二次交流。

● 没有明确孩子情绪低落原因前，与班主任的沟通要回避孩子。

● 除了班主任，可以尝试向孩子的好朋友了解孩子的情况。

孩子和同学打架，究竟是什么情况

如果孩子在学校里和同学打架了，你会怎么处理？你又该如何与班主任进行沟通，才能了解清楚事情的原委，再对孩子进行针对性教育呢？

这怎么还打起来了？

沟通剧场

✗ 错误沟通

老师，我家孩子不可能打架的，肯定是对方的错。你们学校怎么教的？怎么会发生这种事？

原来是这样

1. 一开始就表明护短的态度，不利于家长全面了解情况，也不利于孩子认识到自己的错误。

2. 家长质疑学校教育的态度，会引起班主任的反感，不利于双方客观地解决问题。

✓ 正确沟通

老师，关于孩子参与打架的情况，他是这样描述的……我担心他可能为了推卸责任而有所隐瞒。您放心，如果证实我家孩子有过错，我们会主动去道歉。

原来是这样

家长没有盲目维护自己的孩子，而是表现出对孩子在校情况的重视和愿意合作的态度，可以促进老师和家长之间的信任，也有利于快速解决问题。

和班主任沟通有技巧

"为孩子出头"会阻碍孩子成长

　　孩子在学校里与他人发生冲突，其实是一种"正常情况"。家长自然要重视这件事，但也不要过于气愤，尤其不要摆出一副要为孩子出头的样子，可能你的气还没消，打架的孩子就已经在一起快乐地玩耍了。

　　在处理这类事件时，班主任的角色对于孩子而言，是一个裁判者；对家长则更多的是一个调停者。如果班主任没有因为孩子打架的事情找家长，那就意味着这件事情他已经处理好了。如果家长在这种情况下再去找班主任询问、理论，在某种程度上是不信任的表现。

　　如果班主任找了家长，那说明这次打架事件比较严重，仅凭班主任的教育和处理，达不到理想的效果。这时，无论家长心情如何，一定要听清楚班主任对于这件事的处理建议。

　　无论是从孩子教育的角度，还是解决问题的角度，只要没有造成严重的后果，家长都要尽量配合班主任。班主任可能无法提供最佳解决方案，但一定会提供一个相对稳妥的方案。

　　如果一味地为孩子出头，你可能会错过教孩子对自己行为负责的机会。

● 与班主任沟通时，要表明自己是为了教育孩子，而不是追责。

● 如果情况严重，需要双方家长沟通，要确保班主任在场，避免绕过班主任直接与对方家长接触。

● 班主任给出建议后，家长也可以提出自己的想法，但千万不要提出一些班主任明显无法做到的要求。

东西被同学弄坏，是故意还是无意

当孩子的物品被同学损坏时，作为家长，你是不是会发出疑问：为什么会被弄坏呢？那位同学是不是故意的？是不是应该让那位同学赔钱啊？你是不是想找老师反映情况，但是又不知道如何有效地沟通，以确保老师能够妥善处理这一问题？

我该怎么跟老师反馈这样的问题呢？

沟通剧场

你们老师怎么管孩子的！我家孩子的文具都被同学弄坏很多次了，我现在要求对方赔偿。

原来是这样

家长在不了解事情全貌的情况下，就质问、指责学校和班主任，甚至要求对方家长赔偿。这样会损害家长与班主任和对方家长之间的关系，不利于共同解决问题。

✓ 正确沟通

老师，我家孩子的文具被同学弄坏了，这不是第一次了。您能不能帮我了解一下，到底是什么原因导致的？

原来是这样

简单陈述客观事实，并委婉表达不满和自己的诉求，将调查的主动权还给班主任，有助于班主任去了解情况并分析问题所在，从根本上解决问题。

和班主任沟通有技巧

沟通是为了教育，而不是赔偿

孩子很多时候无法辨识物品的价值，也无法判断他人弄坏自己的东西是故意还是无心，因此孩子往往会陷入过分慷慨或过分计较两种极端情况。

"有限的大度"正是孩子需要理解并学会的，这需要家长和班主任的共同努力，教会孩子在面对他人弄坏自己东西时，首先要看对方是否有恶意，其次要看东西的价值，最后具体问题具体分析。

事情发生在学校，所以若想解决问题，是离不开班主任的帮助的。家长在跟班主任沟通时，要明确表达，若对方并无恶意，则无须赔偿；若对方确实存在恶意，无论赔偿金额大小，都应将其视为对两个孩子的教育机会。处理此类事件时，应以班主任的调查结果为依据，避免仅凭孩子的一面之词下结论，或向班主任无端发泄情绪。

在班主任调查清楚事情后，家长可以根据班主任的建议、孩子的表态，还有对方的态度，来引导孩子处理这件事。切记，与班主任沟通是为了教育孩子，而不是简单的赔偿。

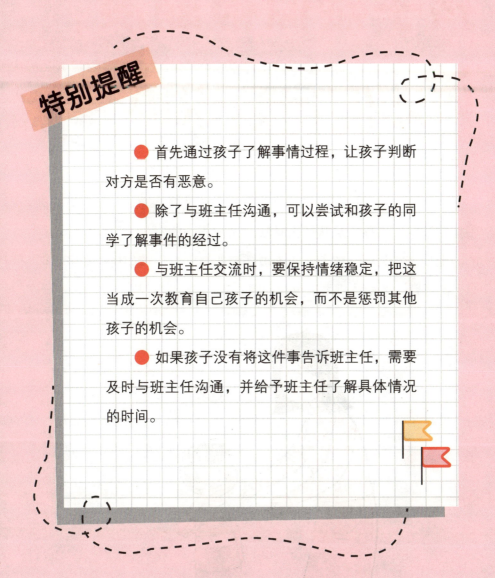

特别提醒

● 首先通过孩子了解事情过程，让孩子判断对方是否有恶意。

● 除了与班主任沟通，可以尝试和孩子的同学了解事件的经过。

● 与班主任交流时，要保持情绪稳定，把这当成一次教育自己孩子的机会，而不是惩罚其他孩子的机会。

● 如果孩子没有将这件事告诉班主任，需要及时与班主任沟通，并给予班主任了解具体情况的时间。

孩子疑似被霸凌，该如何讨要说法

当你怀疑孩子被霸凌的时候，内心一定是愤怒的。你是不是充满了焦虑和疑问：孩子是从什么时候开始被霸凌的？孩子现在是什么样的心理状态？为什么孩子会成为被霸凌的对象？你该如何告知班主任自己的怀疑，才能让班主任重视问题？

孩子是不是被霸凌了？

沟通剧场

✗ 错误沟通

老师，我家孩子被班里的同学霸凌了，我今天来讨个说法。你们怎么教育孩子的，为什么会出现这样的情况？

原来是这样

在未了解具体情况之前，家长急于指责不仅会影响家长和班主任了解事情的全貌，从而影响对事件的客观判断，还可能会导致误解和冲突升级，不利于问题的解决。

✓ 正确沟通

老师，孩子回来说（复述孩子说的情况）……我有点儿担心，但考虑到孩子年纪还小，很多事情说不清楚，所以能否麻烦您了解一下班里的具体情况。

原来是这样

1. 转述孩子的话可以确保信息的直接传递，帮助班主任直观了解孩子对事情的看法，更有利于针对性地解决问题。

2. 明确表达自己的担忧和目的，表现对孩子的重视，可以促进双方深入交谈。

和班主任沟通有技巧

不要过度解读"霸凌"

"霸凌"一词从某种程度上被一些自媒体过度解读了。霸凌有两个关键性特征：长期性和重复性。如果孩子只是单纯地跟同学发生了矛盾，就轻易给对方贴上"霸凌"的标签，对涉事的孩子和自己的孩子都是非常不好的。

家长如果怀疑孩子被霸凌，可以委婉地向班主任说出自己的担忧，并请求班主任调查具体情况，但千万不要在没有确凿证据的情况下无端指责对方和学校，以免真实情况与孩子的描述不符，家长就会失去转圜的余地，同时孩子也可能会在班级中被同学孤立。

家长可以教育孩子在与同学交往时要学会自我保护、寻求帮助。同时，与班主任保持沟通，拜托班主任关注孩子的情绪，并在特殊情况下及时联系。

在小学低年级阶段，霸凌的现象并不常见，在没有确切的证据前，家长不要轻易下结论，这对班主任工作和孩子在班级中的形象和地位，有很大的影响。

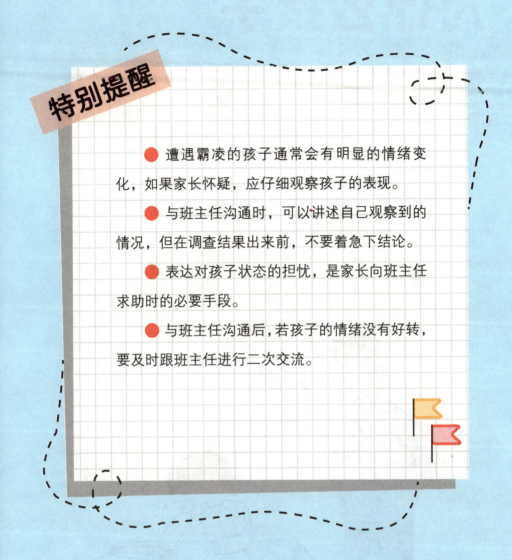

特别提醒

● 遭遇霸凌的孩子通常会有明显的情绪变化，如果家长怀疑，应仔细观察孩子的表现。

● 与班主任沟通时，可以讲述自己观察到的情况，但在调查结果出来前，不要着急下结论。

● 表达对孩子状态的担忧，是家长向班主任求助时的必要手段。

● 与班主任沟通后，若孩子的情绪没有好转，要及时跟班主任进行二次交流。

为什么孩子写作业总是拖延

你因为孩子写作业慢崩溃过吗？你是不是想不通，明明别的孩子学校里就能完成的作业，为什么他要做到那么晚？你明明把正确方法都告诉他了，为什么他还坐着不动？你该怎么跟班主任沟通这个问题呢？

沟通剧场

✗ 错误沟通

老师，你们怎么布置这么多作业啊，我家孩子每天都要做作业到很晚。你们这违背"减负"的政策……

💡 原来是这样

没有了解真实情况就直接指责老师，并将问题归咎于"老师留的作业多"，而不是"孩子写作业慢"，不仅会影响孩子在班主任心中的形象，也会让班主任感到被误解和不被尊重。

✓ 正确沟通

老师，我家孩子每天写作业都要写到十点，但我问了她的同学，他们晚饭前就做好了……她在学校也是这样吗？我该怎么帮助她呢？

💡 原来是这样

1. 提供了孩子写作业的实际情况，以及其他同学完成作业的时间，有助于班主任分析孩子可能存在的问题。

2. 这样的沟通表现了家长对孩子学习的关注和关心，可以促进双方的沟通交流。

119

和班主任沟通有技巧

作业拖延，越早介入越好

　　大多数家长在处理这类问题时缺乏经验，所以及时与班主任沟通，确定下一步该怎么做，是家长最明智且最有效率的解决问题的方法。

　　沟通中，家长要如实告诉班主任孩子在家里的各种表现，并请班主任分享孩子在学校的情况。双方交换信息后，家长可以和班主任一起分析孩子写作业拖延的原因，并且探讨解决方法。

　　如果班主任委婉地表达了孩子可能是因为生理或心理问题才导致写作业拖延，需要更专业的人来帮助他，那么家长不要讳疾忌医，应及时寻求专业人士的帮助，越早介入，效果越好。

　　家长还需要在跟班主任的沟通中反思自己是否有不当行为导致孩子不愿认真完成作业，比如每次孩子做错题就会大发雷霆，或者做完作业就马上增加学习任务……如果存在这样的行为，家长要及时调整做法。

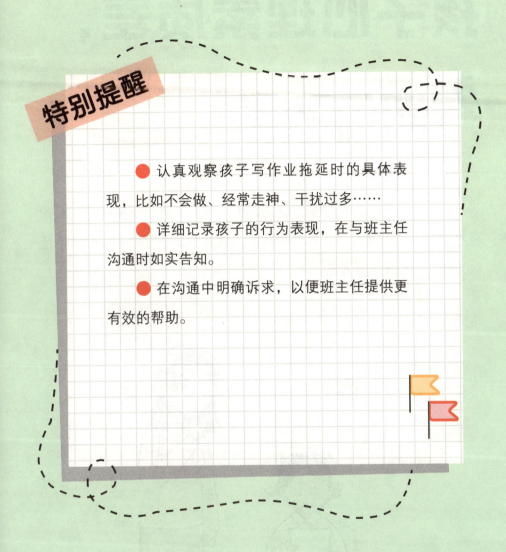

● 认真观察孩子写作业拖延时的具体表现，比如不会做、经常走神、干扰过多……

● 详细记录孩子的行为表现，在与班主任沟通时如实告知。

● 在沟通中明确诉求，以便班主任提供更有效的帮助。

孩子心理素质差，要如何改善

　　无论孩子平时表现得多么优秀，但一到关键时刻就掉链子，比如原本背得流利的课文，一到老师面前，就背得结结巴巴……你是不是认为孩子的心理素质太差，想向班主任寻求帮助，却又不知如何表达？

孩子心理素质太差了，班主任有没有帮助孩子的好办法呢？

沟通剧场

✗ 错误沟通

老师，后天就要演出了，但是孩子现在紧张得手都抖，能不能后天就不要让她上台了！

原来是这样

💡 1.临时提出退出的要求，不仅会打乱演出安排，引起班主任的反感和愤怒，还会给班主任留下不负责任的印象，影响双方的信任关系。

2.这样的沟通不利于孩子勇敢面对困难和挑战，也会影响班主任对孩子的看法。

✓ 正确沟通

老师，我家孩子非常珍惜这次演出机会，但临近演出，她越来越紧张，甚至紧张到手抖。您有没有什么建议，可以帮助她调整心态呢？

原来是这样

💡 如实表达孩子的紧张情绪，并向班主任求助，而不是帮孩子逃避问题。这有助于班主任了解孩子的心理状态，提供建议或方法帮助孩子缓解紧张情绪，并帮助孩子学会勇敢面对困难和挑战。

和班主任沟通有技巧

孩子心理素质差，原因可能在家长

　　孩子心理素质差，可能是多方面原因造成的，比如家长溺爱，导致孩子缺少应对困境的经验；或是孩子自信心遭受过重大打击，家长没有及时发现并采取措施补救；又或是家长让孩子参与了打击自己信心的活动……

　　想要改变这一状况，家长就要帮助孩子重塑信心，这就需要孩子眼中的权威人物——班主任，对孩子的行为给予充分的肯定。家长在与班主任沟通时，最重要的是让班主任了解孩子心理素质差的情况，并与班主任一起仔细分析心理素质差的具体表现和成因。只有了解了成因，家长和班主任才能更好地帮助孩子改正。

　　面对困难与挑战，躲避不是解决问题的方法，关键在于让孩子学会面对。在这个过程中，班主任和家长的及时鼓励和肯定至关重要。家长可以和班主任协商，准备一些孩子喜欢的小礼物，在孩子取得进步时作为奖励；或者根据班主任的建议，开展一些针对性的训练来帮助孩子。

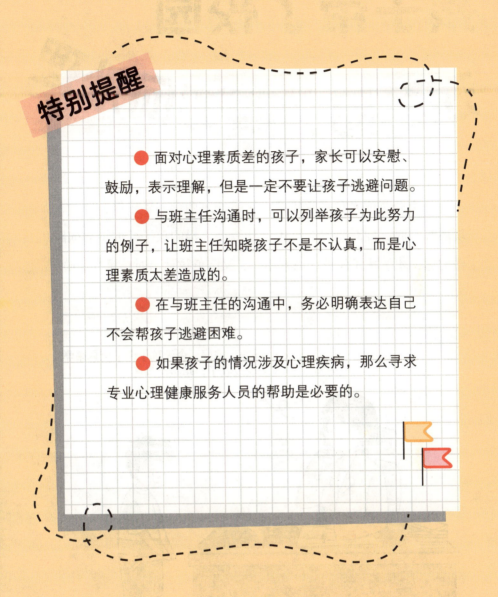

特别提醒

● 面对心理素质差的孩子，家长可以安慰、鼓励，表示理解，但是一定不要让孩子逃避问题。

● 与班主任沟通时，可以列举孩子为此努力的例子，让班主任知晓孩子不是不认真，而是心理素质太差造成的。

● 在与班主任的沟通中，务必明确表达自己不会帮孩子逃避困难。

● 如果孩子的情况涉及心理疾病，那么寻求专业心理健康服务人员的帮助是必要的。

孩子带了校园违禁品，要如何处理

当孩子有意或无意将学校禁止携带的东西带到了班级，并被老师发现后没收时，面对生气的班主任和惊慌失措的孩子，你该如何跟班主任沟通，才能既让孩子认识到错误，又降低这件事对孩子的影响？

×××妈妈，您好，今天孩子带了玩具来学校玩，被我发现没收了，想跟您沟通一下这件事。

沟通剧场

✗ 错误沟通

老师，虽然孩子不应该把东西带到学校，但你怎么私自没收呢，这是属于孩子的私人物品！

原来是这样

1. 忽略了老师没收物品可能有其合理理由，没有尝试理解对方的立场，可能导致误解加深。

2. 情绪化的语气和质问会让班主任认为家长轻视问题，不尊重自己和学校规定，影响孩子对规定的重视，以及班主任对孩子和家长以后的态度。

✓ 正确沟通

老师，孩子偷偷把玩具带到学校，真的不应该。我知道后已经批评过他了。您认为这件事该怎么处理，我们一定配合。

原来是这样

积极承认错误，并教育孩子，表示愿意配合老师处理相关事情，不急于要回被没收的东西，充分表现了家长对孩子的重视，以及对班主任的尊重，有利于促进双方的沟通与合作。

和班主任沟通有技巧

承担责任，遵守校园制度

　　"禁止带到班级"的物品，可能会影响孩子在校学习的注意力，或者存在一定的安全隐患，或者引起班级中的"攀比"风气……学校规定某些物品不允许被带进校园，是非常有必要的。

　　如果孩子因违反规定，导致东西被班主任没收了，家长不要质疑班主任的做法，而是要让孩子明白"规则建立就要遵守"的道理，帮助孩子认识到自己的错误，不要让孩子养成"无视规则"的不良习惯。

　　就这件事跟班主任沟通时，家长首先要明确孩子这么做一定是错的，然后要表达出教育孩子的决心，最后如果班主任对这件事有进一步的教育计划，家长要积极配合。

　　沟通过程中，家长不要过分强调东西的价值，以及孩子对物品的喜爱程度。价值高的东西，在班主任对孩子进行适当的教育后，通常会归还给家长。如果班主任忘记，家长可以在适当的时候再次沟通。但在事情刚发生的时候，家长首先要关注的是对孩子的教育。

● 不要向孩子承诺一定能取回没收的东西，或者承诺会购买类似的新物品。

● 在"孩子的行为是否错误"和"孩子犯错是否要受到适当的惩戒"上，家长和班主任要达成共识，最好在孩子面前表达立场，这样才能对孩子起到最好的教育效果。

● 如果需要取回物品，可以给孩子设置一些条件，让他知道取回物品并不容易。

129

孩子对电子产品上瘾，要如何戒断

　　孩子似乎对电子产品越来越依赖，你是不是尝试了各种方法，无论是温和的还是严厉的，还是没办法将他的注意力从电子产品上转移开？这种情况下，向班主任寻求帮助是非常有必要的，但应该如何向老师描述孩子目前的状况呢？

孩子总玩手机，怎么说也不听，怎么向老师寻求帮助呢?

沟通剧场

✗ 错误沟通

老师，我家孩子整天就知道玩手机，我都不知道该怎么办了！您快管管他吧。

原来是这样

💡 1. 这种充满抱怨的表达是班主任最反感的，不仅没有了解到孩子的真实情况，还受到家长的负面情绪影响。

2. 家长将教育孩子的责任全部推给班主任，既是不负责任的表现，也会让班主任感到充满压力，难以应对。

✓ 正确沟通

老师，孩子现在对手机的依赖性很强，我们想（具体计划）……帮助孩子减少依赖。您觉得可以吗？或者您有其他建议吗？

原来是这样

💡 家长承认自己的错误所在，并提出详细的想法，既让班主任感受到家长对这一问题的重视，也有助于获得班主任的协助和针对性建议。

131

和班主任沟通有技巧

电子产品不能"一禁了之"

在当今社会，想要完全避免电子产品对孩子的影响，几乎是不可能的。所以，在这种情况下，家长和班主任的职责就是让孩子学会自我管理，提高自控力，并帮助他们了解学习和适度使用电子产品的重要性。

如果孩子已经使用电子产品成瘾了，家长不要急着"一禁了之"，应先了解导致孩子离不开电子产品的原因，再来制定相应对策。

在这个过程中，家长可以跟班主任建立沟通，一方面让班主任了解自己的担忧，并咨询解决问题的办法；另一方面可以让班主任协助你，比如给孩子设定学习任务或孩子感兴趣的任务，帮助孩子将注意力暂时从电子产品上移开，逐渐摆脱电子产品成瘾的问题。

让孩子正确面对电子产品，这是一个长期的教育过程，家长要有足够的耐心，同时还要和班主任打配合，这样才能提高教育的效率。

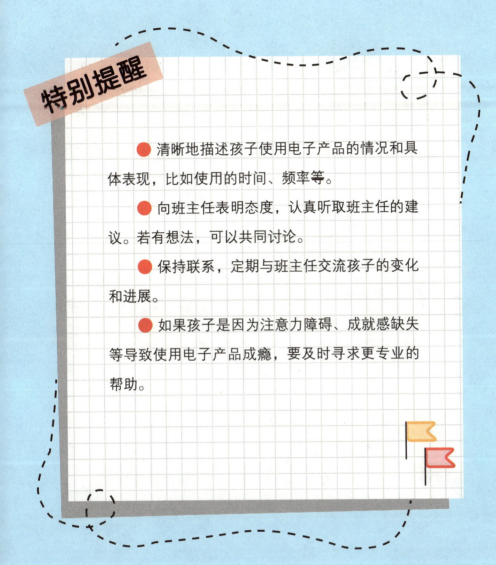

特别提醒

● 清晰地描述孩子使用电子产品的情况和具体表现，比如使用的时间、频率等。

● 向班主任表明态度，认真听取班主任的建议。若有想法，可以共同讨论。

● 保持联系，定期与班主任交流孩子的变化和进展。

● 如果孩子是因为注意力障碍、成就感缺失等导致使用电子产品成瘾，要及时寻求更专业的帮助。

第四章

若孩子有需求或
遇特殊情况，让班主任
更重视孩子

如何为孩子提出调整座位的需求

　　当孩子因为视力问题或其他原因，需要调整座位时，家长应该如何和班主任沟通呢？是直接向班主任提出要求，还是应该委婉地表达？班主任会不会因为家长的要求不高兴？会不会觉得家长事情多？

我怎么感觉自己看不清黑板上的字了呢？

沟通剧场

✗ 错误沟通

老师，您给我家孩子换个靠前的座位吧？

原来是这样

1. 用命令的口气，会让老师感到反感，损害家长在班主任心中的形象。

2. 没有充分沟通换座原因，直接提出要求，会让老师产生困惑和误解。

✓ 正确沟通

老师，最近孩子说上课看黑板有些吃力，我们周末带她去医院检查，显示视力有所下降。我知道座位安排是您综合考虑的结果，但不知道是否有可能做些调整？

原来是这样

1. 表达出对孩子情况的关心，同时尊重老师的安排。

2. 提出问题的同时，也提出愿意一起寻找解决方案。

和班主任沟通有技巧

给出充分且无法反驳的理由

　　在许多情况下,班主任往往对家长随意提出的诸如"换座位"之类的要求感到不满。原因在于,一旦班主任同意了某位家长的请求,其他家长也会纷纷效仿,提出类似的要求。这样一来,班主任不得不花费大量的时间和精力去处理这些琐碎的事情,从而影响了他们正常的教学和管理工作。

　　所以,家长在提出调整座位的要求时,必须首先提供充分且合理的理由,而且这个理由必须是无法反驳的。同时,家长们还需要考虑到班级的整体情况,比如是否有其他孩子也有类似的需求,或者孩子的身高是否过高,调整座位后可能会对其他孩子造成影响。

　　只有家长给出充足的理由,并表达对班主任工作的理解和支持,班主任才会更愿意理解家长的想法。这样,双方才能建立起良好的沟通和信任,共同为孩子创造一个更好的学习环境。

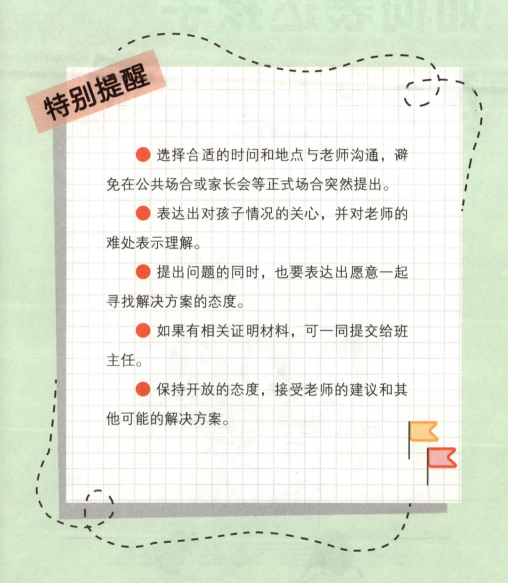

特别提醒

● 选择合适的时间和地点与老师沟通，避免在公共场合或家长会等正式场合突然提出。

● 表达出对孩子情况的关心，并对老师的难处表示理解。

● 提出问题的同时，也要表达出愿意一起寻找解决方案的态度。

● 如果有相关证明材料，可一同提交给班主任。

● 保持开放的态度，接受老师的建议和其他可能的解决方案。

如何表达孩子在课堂上需要关照

　　每位家长都期望孩子在学校能够获得充分的关注与照顾。如果你的孩子性格较为内向，在课堂上不那么勇于主动发言，你希望老师能在课堂上为孩子提供更多的互动机会，鼓励他勇敢表达自己，给予更多的关照时，应该如何与班主任进行沟通呢？

沟通剧场

✗ 错误沟通

老师，麻烦您在课堂上多关照下我家孩子。

原来是这样

1. 要求模糊，没有具体说明希望班主任在哪方面需要关照孩子，让班主任无从下手。

2. 缺少跟班主任的进一步沟通，班主任无法知道家长的真实想法和孩子的实际情况。

✓ 正确沟通

老师，我家孩子性格内向，在课堂上不太敢主动发言。我担心这样会影响他学习的积极性和自信心。在课堂上，如果有合适的机会，希望您多鼓励他发言，给他一些展示自己的机会。

原来是这样

1. 具体说明孩子的情况，让班主任了解家长的出发点，更有助于班主任理解家长的想法。

2. 具体说明希望班主任采取的关照方式，让班主任能更有针对性地帮助孩子。

和班主任沟通有技巧

及时告知孩子的情况

在班级中，班主任往往会更多地关注那些表现积极或特别调皮的孩子。这并非出于偏爱，而是因为班级里的学生比较多，班主任一个人有时难以兼顾。如果孩子因性格内向而不敢主动发言或展示自己，那与班主任沟通以争取更多机会是很有必要的。

家长要先明确孩子不愿意举手回答问题的原因，比如害怕答错、对知识掌握不扎实等。在与班主任交流时，家长要将自己所知道的关于孩子的情况，如实反映给班主任。

家长和班主任可以定期交换孩子在家和学校的表现信息，同时，对孩子的进步要及时给予肯定和鼓励，让孩子知道自己的努力是有价值的，从而帮助孩子提升自信。

当然，家长不能完全依赖班主任，可以在日常生活中与孩子进行模拟课堂问答，激发孩子参与热情，提高孩子自信心。当孩子克服了心理障碍后，家长的担心自然也就会减少了。

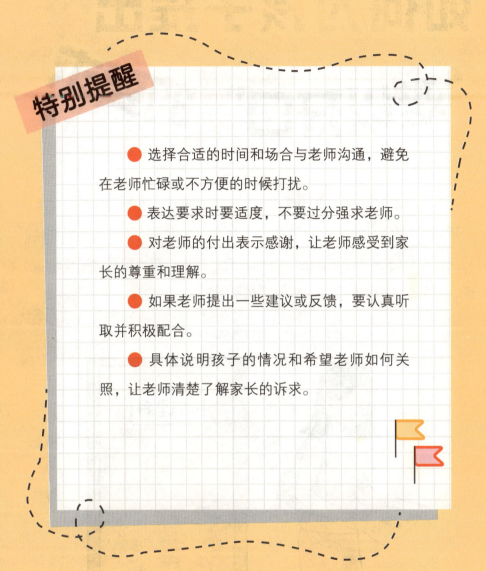

特别提醒

● 选择合适的时间和场合与老师沟通，避免在老师忙碌或不方便的时候打扰。

● 表达要求时要适度，不要过分强求老师。

● 对老师的付出表示感谢，让老师感受到家长的尊重和理解。

● 如果老师提出一些建议或反馈，要认真听取并积极配合。

● 具体说明孩子的情况和希望老师如何关照，让老师清楚了解家长的诉求。

如何为孩子提出 "难以开口" 的要求

有许多心理或生理上的疾病，如儿童焦虑症、儿童抑郁症、注意力障碍、神经性抽动症等，在治疗期间是需要老师时刻关注孩子在校情况，并且适当减轻孩子的学习压力的。当孩子查出疾病，需要班主任帮忙关注、照顾的时候，你该怎么说呢？

怎么会这样？我该怎么跟老师说呢？

心理科

沟通剧场

✕ 错误沟通

老师，我家孩子最近压力有点大，先别管他学习了。

💡 原来是这样　家长没有交代清楚孩子的具体情况，就直接告知班主任不用管，会让他一头雾水、不知所措，认为家长漠视孩子学习，从而产生误解，影响双方的信任关系。

✓ 正确沟通

老师，这是孩子去医院检查的诊断证明。医生建议家长和学校要多关注，学习上不要给太大压力。我想与您详细讨论一下该如何帮助孩子。

💡 原来是这样　诊断书证明、医生的建议，以及家长的求助，一方面能更好地让班主任了解孩子具体的健康状况，并知晓问题的严重性；另一方面能促进双方有效沟通，共同帮助孩子。

让班主任了解家长的无助

许多家长可能觉得孩子会有生理疾病是正常的，但心理疾病难以说出口。实际上，这种担忧是不必要的。当孩子的心理出现问题时，向班主任求助是帮助孩子的重要途径。

在向班主任求助的时候，不要刻意掩饰自己的"无助"，这实际上更能表明家长对孩子的重视，也更能让班主任在第一时间意识到问题的严重性，与家长共情。

因为涉及孩子的隐私，所以在与班主任沟通时不要选择公开场合，要跟老师面对面单独交流。交流时，不要回避孩子的病情，尽可能地让班主任了解诊断报告、医生建议等详细信息。如果孩子需要服药，以及用药后可能会出现的情况，要第一时间跟班主任说清楚。

班主任因为经过专业培训，也或多或少接触过一些有心理问题的孩子，所以大多数情况下，班主任在了解孩子病情后，是能够理解家长"多关注孩子，减轻学习压力，降低学习要求"的诉求的。

请相信，班主任和家长一样，都希望孩子能健康成长。

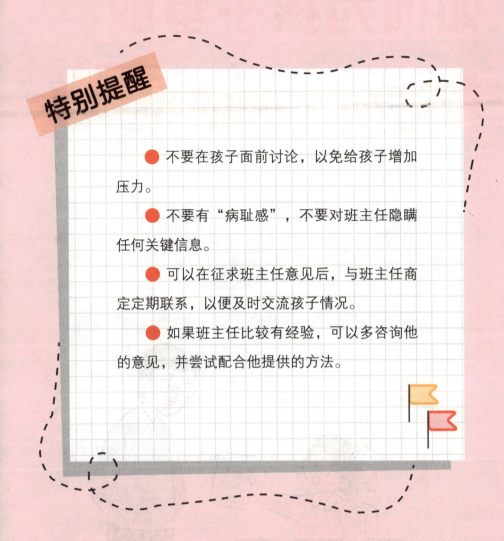

特别提醒

● 不要在孩子面前讨论，以免给孩子增加压力。

● 不要有"病耻感"，不要对班主任隐瞒任何关键信息。

● 可以在征求班主任意见后，与班主任商定定期联系，以便及时交流孩子情况。

● 如果班主任比较有经验，可以多咨询他的意见，并尝试配合他提供的方法。

如何为孩子争取竞选班干部的机会

当孩子表达想当班干部的愿望时，家长该如何与班主任沟通呢？直接跟班主任说，是不是显得有点儿"官迷"？怎样的表达方式才能既传达孩子的意愿，又能让班主任感受到家长的支持与配合呢？

沟通剧场

✗ 错误沟通

老师，我家孩子想当宣传委员，您看能不能让她试试？

原来是这样

虽然家长是在询问班主任，但是并没有明确表明孩子想当宣传委员的原因和具备的能力，班主任也就缺少考虑的依据，甚至还会觉得家长的要求有些不合实际。

✓ 正确沟通

老师，我家孩子想竞选班级的宣传委员。她有一定的绘画和写作能力，并在绘画比赛中获过一等奖。不知道能否给她一个参与选拔的机会？

原来是这样

1. 表明孩子的兴趣和意愿，以及具备的能力和取得的成就，可以帮助班主任更好地考虑这件事。

2. 没有强硬要求班主任同意，表示尊重班级的选拔制度，会让班主任感受到家长的诚意，更愿意给予机会。

149

和班主任沟通有技巧

阐述竞选班干部的优势

　　每个孩子都想成为班干部，然而一个班级的班干部名额是有限的。如果孩子具备相应的能力，又有成为班干部的想法，那么要让他学会努力为自己争取。必要时，家长也可以跟班主任提出合理的要求。

　　当然，家长首先要了解孩子的优势。如果家长只与班主任说了一句"我家孩子想当宣传委员"，这样的平铺直叙并不足以打动班主任。如果孩子有相应的天赋，或积极参与班级活动，或拥有良好的人际关系，这些都是他成为某一种班干部的有利条件。所以，在与班主任沟通时，家长可以提及孩子在家表现出的相关才能和热情，以及家长如何支持孩子发展这些能力。同时，家长要表达出对孩子的信任和对班主任的尊重，让班主任感受到家长的诚意和支持。

　　此外，家长可以和孩子一起准备一份简短的"竞选宣言"，展示自己的能力，阐述孩子想当班干部的原因。如果没有名额或不幸落选，可以鼓励孩子在下一次的竞选中踊跃尝试。

特别提醒

● 了解班干部的具体职责和要求，确保孩子有能力胜任。

● 与班主任沟通时，保持礼貌和尊重，不要过于急切或强硬。

● 强调孩子的兴趣和特长，以及家长的支持态度。

● 尊重班级的选拔制度，表示愿意让孩子参与竞选。

● 鼓励孩子向班主任表达意愿，培养孩子的独立性和沟通能力。

如何解释孩子因特殊情况未完成作业

当孩子因为特殊情况而未能完成作业时，是让孩子自己去找老师解释，还是由你与老师沟通呢？在与班主任沟通时，你又应该怎么做才能避免孩子受到不必要的批评？

沟通剧场

✗ 错误沟通

老师，昨晚我家孩子生病了，作业就没写完，您别怪他。

原来是这样

1. 没有更具体的情况说明，会让老师怀疑真实性，误会家长为孩子找借口。

2. 家长也没有提出任何关于没完成作业的解决措施，会让班主任觉得家长不重视孩子的作业情况，从而影响老师对家长的信任。

✓ 正确沟通

老师，昨晚我家孩子生病了，导致未能按时完成全部作业。我想为孩子申请今天补做未完成的作业，可以吗？请放心，我们会监督他按时完成的。

原来是这样

1. 详细说明情况，让班主任了解作业未完成的原因，有助于班主任理解。

2. 家长积极解决问题并提出方案，能够让班主任感受到家长是负责任的，有助于促进双方友好交流和建立信任关系。

和班主任沟通有技巧

特殊情况要详细说明

　　很多学生通常都会遇到一些特殊情况而导致作业无法完成，比如作业没有带回家、生病、停电等突发情况。如果仅由孩子向班主任解释，可能不能充分表达情况。在这种情况下，家长需要介入，为孩子提供必要的支持，向班主任说明情况。

　　这时，家长可从以下几方面与班主任沟通：

　　1. 特殊原因的合理性。是否存在如停电等状况影响了孩子完成作业，并且是否有客观证据可以证明这一点。

　　2. 孩子的态度。孩子对于未完成作业的态度是怎样的，是积极寻求补救还是消极对待。

　　3. 后续计划。家长和孩子对于未能完成的作业有怎样具体的补做计划和时间安排。

　　若孩子因特殊情况没有完成作业，家长应立即主动与班主任说明情况，并提供证据或合理的解释，以便班主任全面了解情况。其次，家长与班主任沟通时，态度要真诚，表达对班主任工作的尊重。接着，提出具体的补做计划，并征求班主任的意见。最后，要确保计划的执行，并及时反馈孩子的补做进度。

● 注意保留特殊情况的证据，以便与老师沟通时使用。

● 明确向班主任表达孩子对于未完成作业的愧疚和积极补做的态度。

● 如果班主任提出其他建议，要认真考虑并积极配合。

● 鼓励孩子勇敢面对问题，培养孩子的责任感和解决问题的能力。

如何让班主任帮你向孩子提出要求

你向孩子提出一些要求，孩子总是置若罔闻，但对于老师的要求，他却总是能不折不扣地完成。你是不是感觉挫败？你有没有想过，让班主任帮你向孩子提出要求？你又该如何与班主任沟通这一请求呢？

沟通剧场

老师，您跟我孩子说一声，早上要多喝牛奶，我说她不听。

原来是这样

1. 日常琐事不应打扰班主任，这可能会分散他们对教学工作的专注。

2. 在没有征询班主任是否愿意的情况下就直接提要求，这种做法缺乏基本的礼貌。

✓ 正确沟通

老师，最近我想让孩子多喝一些牛奶补充营养，但孩子很抗拒。您能否在班上普及一下牛奶的营养价值，引导她慢慢接受。非常感谢您的帮助！

原来是这样

1. 将请班主任帮忙的原因阐述清楚，有助于班主任更好地了解情况，并给予支持和帮助。

2. 请求明确，态度诚恳，更容易得到班主任的积极响应。

和班主任沟通有技巧

家长要有边界感

　　很多家长因为跟班主任比较熟悉了，就会缺少一些边界感。家长一定要知道，与学校教育无关的事情，尽量不要麻烦班主任帮忙，尤其是与孩子生活息息相关的事情，这本身就是家长应该尽力的范畴。

　　在请求班主任帮忙时，应采用征询的语气，可以考虑这样的句式："老师，我现在遇到了（说明具体情况）。孩子跟我有对抗情绪（阐述求助原因）。您能否帮我（明确求助的具体诉求）。"

　　在清楚表达自己的请求后，如果班主任立即答应，那自然最好；如果班主任犹豫不决，说明这对他来说可能有难度，或者他觉得这不该是他介入的事情。

　　一般来说，如果涉及孩子学习、校园生活、社交的问题，班主任是很愿意帮忙的。对于孩子在家的生活问题，家长可以向班主任咨询解决的办法，但不要期望让他直接要求孩子。当然，也要注意咨询频率。过于频繁地让班主任帮助自己教育孩子，容易给班主任留下一个"孩子难管教，家长不尽责"的印象，这显然不是家长所期望的。

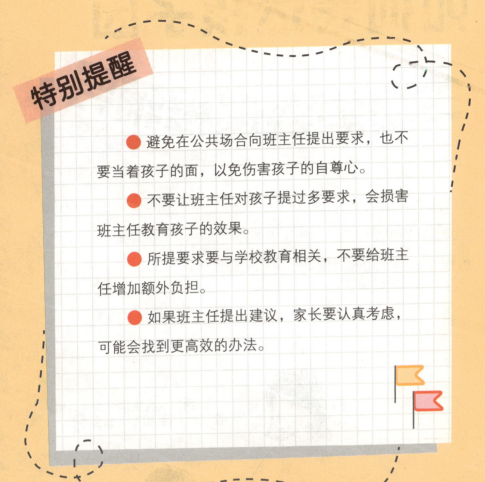

● 避免在公共场合向班主任提出要求，也不要当着孩子的面，以免伤害孩子的自尊心。

● 不要让班主任对孩子提过多要求，会损害班主任教育孩子的效果。

● 所提要求要与学校教育相关，不要给班主任增加额外负担。

● 如果班主任提出建议，家长要认真考虑，可能会找到更高效的办法。

如何表达孩子因生病需要课程辅导

　　孩子生病时，你的心情是不是十分沉重？再加上孩子落下的课程，这种焦虑感更是倍增。你想请求老师给孩子补落下的课，但又不知道该怎么向老师提出这个要求，才能更好地达到效果？

妈妈，我生病这么久，耽误了好多课，跟不上怎么办啊？

沟通剧场

✗ 错误沟通

老师，我孩子已经回去上课了，落下的课需要您和其他老师给她补一下！

原来是这样

1. 这种命令式沟通会引起班主任的反感，甚至影响对孩子的态度。

2. 没有向班主任说明孩子现在的身体和学习情况，不利于班主任了解孩子的实际情况，无法提供有效帮助。

✔ 正确沟通

老师，孩子身体已经康复，今天就可以返校上课。关于因病落下的课程，孩子有自己学习，但仍需任课老师稍加辅导，才能更好地掌握知识。麻烦您多操心。

原来是这样

向班主任明确说明孩子的身体情况，以及自学的学习情况，并提出具体的请求，不仅表达了家长对孩子学习的重视，而且有助于班主任根据实际情况提供帮助与支持。

和班主任沟通有技巧

说清生病期间孩子的学习进度

当孩子因生病缺席一段时间后，不可避免会落下一些课程。此时，任课老师们会安排时间，对孩子进行个别辅导，帮助他尽快赶上进度。

如果想要辅导的效率最大化，家长需要及时与班主任进行有效沟通。具体来说，家长应该说明孩子身体的恢复情况、是否可以应对较重的学习任务、家长在孩子生病期间辅导了哪些内容，以及孩子通过网络渠道自学到哪里了。

以上这些信息，家长要跟班主任进行充分说明，因为这直接关系到老师对孩子的辅导内容和效率，对于班主任和孩子来说都至关重要。孩子如果因为生病落下课程产生了心理负担，家长也要及时告知班主任，以便班主任根据实际情况对孩子进行心理疏导。

家长在关注孩子的学习进度时，不要过于焦虑，也不要过多干涉班主任的安排。在这个过程中，家长应多给孩子一些鼓励，而不是一味地催促。同时，家长要定期跟班主任进行交流，了解孩子的情况，并及时将孩子在家的表现告知班主任。

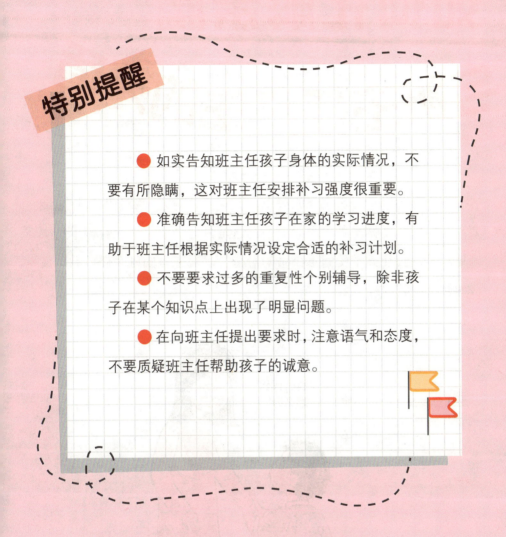

特别提醒

● 如实告知班主任孩子身体的实际情况，不要有所隐瞒，这对班主任安排补习强度很重要。

● 准确告知班主任孩子在家的学习进度，有助于班主任根据实际情况设定合适的补习计划。

● 不要要求过多的重复性个别辅导，除非孩子在某个知识点上出现了明显问题。

● 在向班主任提出要求时，注意语气和态度，不要质疑班主任帮助孩子的诚意。

如何化解亲属与班主任产生的矛盾

　　你正努力维护与班主任的关系，而家里其他人不经意的言行可能会轻易地破坏了你辛苦维系的关系。这是否会导致班主任对孩子产生偏见？是否会让孩子受到不公平的对待？是否应该向班主任道歉，又该如何表达歉意？

妈妈，今天奶奶来接我的时候跟班主任发生了一些不愉快，该怎么办？

沟通剧场

✗ 错误沟通

老师，孩子奶奶没文化，啥都不懂，您别往心里去。

原来是这样

在班主任面前贬低家庭成员，会让班主任感觉家长在找借口推卸责任，甚至影响他对家庭的印象，不利于家长与班主任的沟通交流，也会影响孩子的成长和学习。

✓ 正确沟通

老师，孩子奶奶回来跟我说了具体情况，我也跟她交流清楚了。确实是孩子奶奶误会您了，真是非常抱歉。您放心，我确保不会再发生类似情况了！

原来是这样

承认错误，表达歉意，并承诺以后不会有类似情况发生，这样沟通可以让班主任在以后的教育工作中更放心，有助于促进双方的信任和合作。

和班主任沟通有技巧

统一教育观念，是教育的关键

　　大多数父母通常因为工作的缘故，不得不将接送孩子的任务交给家中的长辈。但是，长辈们对孩子过分宠爱，再加上教育观念上的差异，会导致他们并不认同班主任的教育观念，容易和班主任发生矛盾。

　　在这种情况下，家长应努力协调家庭成员间的教育观念。在一个教育观念统一的家庭中，孩子能够避免受到不同教育理念的干扰，从而更专注于学习。

　　如果矛盾已经发生，家长需要分析情况，并在发现错误时及时承认错误。当然，如果跟班主任发生矛盾的长辈能去道歉，肯定是最好的。如果他不愿意，那你至少要让他保证，以后不要发生类似的事情。

　　在与班主任的沟通中，无论是询问情况还是提意见，都要以你为主。道歉态度肯定要真诚，要注意时机选择，不要过分贬低跟班主任发生矛盾的家长，就事论事，保证下一次不会再发生，就可以了。